RESET DIGITAL

RESET DIGITAL

Para retomar tu vida, tu salud y la de tus hijos

María Angustias Salmerón Ruiz

www.edaf.net

MADRID - MÉXICO - BUENOS AIRES - SANTIAGO
2025

Editorial Edaf, S.L.U.
Jorge Juan, 68
28009 Madrid, España
Teléf.: (34) 91 435 82 60
www.edaf.net edaf@edaf.net

Ediciones Algaba, S.A. de C.V.
Calle 21, Poniente 3323 - Entre la 33 sur y la 35 sur
Colonia Belisario Domínguez
Puebla 72180, México
Telf.: 52 22 22 11 13 87
jaime.breton@edaf.com.mx

Edaf del Plata, S.A.
Chile 2222
Buenos Aires — Argentina
edafdelplata@gmail.com
fernando.barredo@edaf.com.mx
Teléf.: +54 11 4308-5222 / +54 9 11 6784-9516

Edaf Chile S.A.
Huérfanos 1179 — Oficina 501
Santiago — Chile
comercialedafchile@edafchile.cl
Teléf.: +56 9 4468 0539/+56 9 4468 0537

Mayo de 2025

ISBN: 978-84-414-4416-4
Depósito legal: M-4276-2025

PRINTED IN SPAIN   IMPRESO EN ESPAÑA

COFÁS

Papel 100 % procedente de bosques gestionados de acuerdo con criterios de sostenibilidad.

A mi querida hermana Cuca,
por todo lo vivido en nuestra infancia.
Te quiero.

ÍNDICE

CÓMO LEER EL LIBRO

Este libro no pretende ser una revisión exhaustiva de la literatura científica ni un tratado de Medicina. El objetivo es exponer la complejidad y las aristas del impacto de las pantallas en la salud y el desarrollo. Para ello, se explican brevemente algunos conceptos, como los de salud, neurodesarrollo o desarrollo psicoafectivo, con el fin de ayudar al lector a comprender las dificultades a las que nos enfrentamos.

La sucesión de capítulos está pensada para que el lector vaya adquiriendo conceptos que más adelante serán necesarios. Por ello mi recomendación es seguir el orden propuesto.

En esta obra se utiliza el género masculino gramatical para facilitar la lectura; se sobreentiende que es inclusivo de todas las personas. En los casos en los que es necesario hacer un desdoblamiento del género se explicita en el propio texto.

PRÓLOGO

El libro que tienen en sus manos es un claro, certero y valiente diagnóstico de uno de los principales problemas a los que se enfrenta esta sociedad: la profunda reconfiguración del comportamiento del individuo y los efectos sobre el neurodesarrollo de la infancia y la adolescencia que se derivan del consumo masivo, precoz e ilimitado de pantallas y servicios digitales.

Antes de comenzar su lectura, es importante conocer quién es la persona que lo ha escrito, cuál es su trayectoria, la coherencia de su trabajo y sus principios.

Conocí a María hace pocos años, con ocasión del surgimiento del grupo de salud digital, menores y privacidad creado por la Agencia en 2019; fue una de las profesionales, junto con Abigail Huertas, designada como representante por el Consejo General de Médicos y la Asociación Española de Pediatría (AEP). Me impactó su coherencia, su rigor científico, su valentía en el discurso y sus valores. Desde entonces, se convirtió en una de esas personas que sabes que han llegado para quedarse, cuya presencia siempre aporta.

María comenzó a hablar del ciberacoso hace más de doce años. A través de la Sociedad Española de Medicina de la Adolescencia, fue la impulsora del Plan Digital Familiar, una guía de consumo digital, con pautas por edades, que cada familia y cada centro educativo debería conocer antes de poner a disposición de los menores una pantalla. En su consulta como pediatra, se conmueve con las historias de vida y sufrimiento que comparten con ella, gracias a esa confianza especial que es capaz de generar, los adolescentes perdidos, influidos y debilitados por la presión de los estereotipos del porno o de las redes sociales. Es importante tener en cuenta que la utilización de pantallas en sí misma, aunque no actúe como puerta de acceso a contenidos inadecuados, ya afecta a la salud, por ejemplo, al sueño Además, hemos de poner también en la ecuación lo que las personas dejan de hacer por un uso excesivo de ellas (deporte, quedar con amigos, etcétera).

Atravesamos un momento crítico como sociedad. Tras la pandemia, la digitalización y los servicios de Internet —con sus grandes ventajas— experimentaron un salto exponencial. De media, los menores tienen su primer *smartphone* a los 11 años, momento que suele coincidir con el contacto inicial (voluntario o involuntario, a través de los algoritmos) con el porno. Según datos de UNICEF, los adolescentes pasan más de seis horas diarias en Internet; las jóvenes sufren más la presión de las redes sociales y ellos, las consecuencias del consumo de videojuegos. El 78% de los adolescentes, de acuerdo con un estudio de la Universidad de las Islas Baleares, ve porno duro en la red, entre otros contenidos...

Como bien explica la autora, este acceso ilimitado a pantallas y servicios digitales en un momento clave del neurodesarrollo como es la adolescencia, donde se forman los patrones de comportamiento y se despliega la empatía, está causando un grave perjuicio en la salud física y mental de niños y adolescentes.

Y mientras la industria del alcohol y del tabaco tiene que cumplir con prohibiciones y limitaciones en relación con los menores, en el mundo de Internet queda mucho por hacer para que existan criterios reales de verificación de edad (me remito a las pautas que ha dado la AEPD), para que se advierta, como en el caso del tabaco, de los riesgos para la salud, para que haya transparencia en los patrocinios y se cumpla desde el diseño con la normativa nacional y europea, eliminando los patrones engañosos y adictivos que ahora existen en cualquier red social, videojuego o página de pornografía.

La industria necesita nuestra atención, con ello consigue nuestros datos y perfiles, monetiza la información que extrae de nosotros y de nuestro comportamiento, y el mercado de los menores es una cuota que nadie quiere perder. ¿Cómo podemos pedir a nuestros hijos autorregulación si nosotros, como adultos, desde que nos levantamos hasta que nos vamos a dormir, nos relacionamos más con las pantallas que con las personas?

Cada vez estamos más conectados y menos vinculados con nosotros mismos, con nuestro ser interior y con los demás. Nuestra presencia, nuestra atención son captadas de forma permanente por múltiples estímulos externos, se nos ofrece de forma ilimitada cualquier servicio o producto en cualquier parte del mundo. La oferta digital es infinita, la presión de las redes también. ¿Nos extraña que cada vez la sociedad esté más polarizada y las personas tengamos más ansiedad, depresión y sensación de soledad?

La infancia está sufriendo una profunda reconfiguración, ha pasado de estar sustentada en el juego, en la interacción física y emocional con otros niños, a basarse en gran medida en el teléfono inteligente y las tabletas.

De todos estos temas, de las causas de este problema y de las acciones que cada uno podemos tomar, como individuos, en las familias, a nivel educativo, en el ámbito de la salud, etcétera, habla este libro, construido desde la experiencia, desde la ciencia y el corazón.

Como sociedad, atravesamos un momento crucial; entre todos, podemos y debemos construir —con ciencia y con conciencia— un nuevo modelo de consumo digital. Nos jugamos la salud de niños y adolescentes, también la nuestra, como adultos, así como la convivencia y el modelo de comunidad al que aspiramos.

Es necesario no solo un gran pacto social, que las familias se pongan de acuerdo para retrasar la entrega del *smartphone* y haya etapas previas, preparatorias, con teléfonos especialmente diseñados para menores —ya existen en el mercado—; también, que los centros docentes proporcionen la capacitación digital —no necesariamente con pantallas— y que la enseñanza digital sea progresiva en función de las edades y etapas escolares, de acuerdo con pautas científicas. Además, que los servicios de salud lleven a cabo una tarea de sensibilización, preguntando a las familias sobre el consumo digital, o que todos los partidos políticos apoyen las iniciativas legislativas en esta materia. Y algo esencial: que la industria de Internet se autorregule y cumpla con sus obligaciones sin necesidad de esperar a que la reacción sea el resultado de las sanciones de la Comisión Europea o de las autoridades nacionales de protección de datos.

Quiero creer que llegará un momento en que exponer a la infancia temprana a una suerte de «barra libre» digital nos parezca tan peligroso y nocivo como dar a un niño una copa de alcohol. Desearía visualizar una sociedad en la que la prohibición vigente en Europa de vender tabaco a menores de 18 años, por los efectos nocivos para su salud, tenga un paralelo en la regulación de la venta de teléfonos inteligentes y dispositivos electrónicos a menores de 16 años. Ojalá algún día se imponga a las empresas comercializadoras de servicios y productos digitales la obligación de publicitar los daños que genera en la salud de los consumidores la venta de sus productos. Sería necesaria una presión social de las familias para que los servicios educativos y sanitarios —que cuentan con toda mi admiración y respeto hacia sus magníficos profesionales— ejercieran una tarea de acompañamiento en este proceso, que la totalidad del ecosistema se dirigiera a la consecución del mismo objetivo: proteger el neurodesarrollo de los menores.

El momento más importante es el presente; el futuro se construye con acciones individuales, y este libro constituye un ejemplo de cómo contribuir a la concienciación de la sociedad.

MAR ESPAÑA

Ex directora de la Agencia Española de Protección de Datos

INTRODUCCIÓN

Hace doce años tuve ocasión de asistir a mi primera paciente de una enfermedad relacionada con lo que en aquel entonces se denominaban «nuevas tecnologías». Lo recuerdo con toda claridad; se trataba de una mujer adolescente de 13 años que, además de sufrir acoso en el colegio, recibía insultos en Tuenti, una red social que en la actualidad ya no existe —sirva el ejemplo para mostrar lo efímero de los medios digitales y la velocidad a la que evolucionan—.

Volviendo a mi paciente, fui incapaz de dar un diagnóstico concreto porque desconocía el término *ciberacoso*, y esa fue la razón de que aquel informe finalizara con un juicio clínico impreciso: «Sospecha de acoso escolar y a través de Tuenti».

Los médicos tenemos la mala costumbre de preguntar a otros compañeros cuando desconocemos algo; miramos en los libros de consulta que tenemos en casa y a menudo indagamos en las bibliotecas médicas de Internet. Aquel día, llegué a casa, encendí mi ordenador, empecé a investigar y, sorprendentemente, existía escasa bibliografía al respecto y no encontré un protocolo que me ayudara a tomar decisiones de cómo ayudar a mi paciente. En medicina es raro que ocurra algo así; lo habitual es que tengas que limitar la búsqueda para que el número de artículos sea manejable. Eran pocos los estudios científicos publicados sobre las repercusiones que tenían las pantallas, Internet o los medios digitales sobre la salud infantil o del adulto.

Obviamente, no me iba a dar por vencida; los que me conocen saben que puedo llegar a ser muy terca cuando algo me preocupa o me interesa. Mis pacientes son una de mis prioridades y no estaba dispuesta a rendirme. En ocasiones, escucho a algunos colegas de profesión un comentario que me irrita: «Esta patología no es mía» o «Este paciente no es mío». Está claro que no podemos saber de todo y que identificar las limitaciones de nuestro conocimiento es imprescindible para un ejercicio ético de la medicina. A pesar de ello, el paciente tiene un problema, lo tienes enfrente, y espera una respuesta. Así que infórmate y derívalo a un compañero que le pueda ayudar y, mientras tanto, sigue el caso de cerca para que no se quede en el limbo.

Tras hablar con otros colegas pediatras, psiquiatras y psicólogos, supe que todos andábamos igual de perdidos, así que me pregunté: «¿Los profesionales de otras áreas, como la educación o la ciberseguridad, estarán como estamos en la sanidad?».

Así fue como encontré el Instituto Nacional de Ciberseguridad (INCIBE), que en aquel momento se llamaba INTECO; ni corta ni perezosa, contacté a través de Linkedin con el coordinador de infancia y accedí a una página muy interesante, que disponía de infinidad de recursos: menores.osi, hoy IS4K (Internet Segura For Kids). Aunque ni yo misma me lo creía, obtuve respuestas. Enseguida me mandaron documentación para que empezara a estudiar y a formarme, y entonces surgió la primera idea para redactar un manual sobre el tema del acoso en redes, que finalmente se tituló *Guía clínica de ciberacoso para profesionales de la salud* y fue publicado en 2015.

¿Y por qué cuento todo esto? Por dos razones: una, de carácter histórico, y la otra, para explicar que, aunque este libro se centra en los riesgos de las pantallas, a pesar de lo que muchos pudieran pensar, estoy a favor de su uso. Ahora bien, un uso bajo dos premisas fundamentales: que venga acompañado de una actitud crítica y se dé a partir de determinada edad.

La razón histórica quiere poner sobre la mesa el hecho de que, en doce años, la pediatría y la medicina en general han evolucionado mucho en el conocimiento de cómo los medios digitales influyen en nuestra salud a lo largo de la vida. Entiendo ese «a lo largo de la vida» como el periodo que va desde el nacimiento hasta el final de nuestros días, porque la influencia se da a cualquier edad y, además, repercute en todas las facetas de nuestra salud: física, mental, sexual, social y funcional. Y aunque parezca increíble, quienes caen principalmente en una utilización abusiva de la tecnología son los adultos.

La infancia y la adolescencia son etapas especialmente vulnerables si hablamos de un uso irracional de las pantallas. Desde el nacimiento hasta los 25 años, aproximadamente, se producen acontecimientos que determinarán el presente y el futuro en la existencia de una persona. En esta etapa de la vida las pantallas afectan al neurodesarrollo, al desarrollo psicoafectivo, al aprendizaje y a la instauración de hábitos de vida saludables. Si desconocemos este aspecto, no seremos capaces de tomar decisiones informadas para gestionar de la mejor manera posible la presencia de lo digital en nuestras vidas y en las de aquellos que aún están en desarrollo.

Engañarse sirve para poco. Las tecnologías éticas pueden ser un aliado en el mundo adulto. Empleo el término *éticas* porque, en la actualidad, los medios digitales incorporan patrones adictivos desde su concepción, con el objetivo de que pasemos el mayor tiempo posible usándolos. El verdadero negocio de las empresas tecnológicas es nuestro tiempo, nuestros datos, la publicidad que a menudo —queramos o no— recibimos... Si ya es difícil para el adulto manejar esta manera de proceder, imaginad para alguien cuyo cerebro está en pleno desarrollo y presenta aún áreas inmaduras que le impiden tomar decisiones cuando se activan los circuitos de recompensa.

Hoy, la ciencia no solo tiene claro lo mencionado acerca del propósito de hacernos dependientes de lo digital; además, al margen del contenido al que estemos accediendo, permanecer frente a una pantalla durante un tiempo superior a dos horas multiplica los efectos negativos en la salud y el desarrollo. En el año 2024, la Agencia Española de Protección de Datos publicó un informe sobre los patrones adictivos que utilizan las empresas tecnológicas en muy diversos ámbitos, incluido el de las aplicaciones educativas. ¿Cuándo vamos a hacer algo para revertir esta situación?

Los adultos tenemos la pelota en nuestro tejado, y la pelota es cada vez más grande. Sin embargo, aquellos que intentamos informar sobre la realidad somos alarmistas. ¿Es necesario que pase algo más para que empecemos a cambiar el rumbo de lo que parece «inevitable»? Inevitable será si, como hasta ahora, seguimos sin hacer nada o poniendo parches. Hay que hablar alto y claro.

Para romper una lanza en favor de los adultos es importante explicar que nadie nos educó en este tema y, por tanto, no tenemos modelos a los que imitar. Evidentemente, esto nos coloca en una situación más difícil, pero de ningún modo nos exime de la responsabilidad individual ni social de formarnos en los riesgos y las repercusiones de las pantallas en la salud y el desarrollo.

Proteger a la infancia y la adolescencia de las consecuencias negativas de lo digital corresponde a los adultos, entendiendo el término *adulto* en un sentido amplio. Me refiero a la sociedad en general: la familia, el sistema educativo, el sistema sanitario, los servicios sociales, la Fiscalía de Menores, los Gobiernos y las propias empresas tecnológicas, que han de estar reguladas de acuerdo con un código ético y una legislación concreta.

Sería injusto que el peso de este reto recayera íntegramente en las familias, cuyo papel es muy relevante, por supuesto, si bien la responsabilidad es compartida, porque está en juego el presente y el futuro de nuestra sociedad.

¿Qué podríamos hacer desde cada ámbito concreto? Se me ocurren tantas cosas que voy a citar algunos ejemplos:

- *Las empresas tecnológicas:* priorizar la salud y el desarrollo desde el mismo momento en que se plantean crear cualquier tipo de aplicación, algoritmo, etcétera.
- *Los Gobiernos:* legislar para proteger el derecho a la salud y atender de manera específica a que las actuales leyes, que regulan el derecho a la desconexión en el trabajo, extiendan su aplicación a todas las edades, y no solo al ámbito laboral.

- *Los medios de comunicación*: informar a la población sobre el problema, de forma rigurosa, sin alarmismo ni sensacionalismo, y dejando a un lado los conflictos de intereses.

- *Los profesionales sanitarios* tienen una ardua tarea en diferentes ámbitos: seguir investigando; formarse para estar en condiciones de valorar en consulta el uso de pantallas, como uno más de los hábitos de vida saludable, junto al sueño, la alimentación o el deporte; detectar e informar sobre los riesgos y recomendar el Plan Digital Familiar de la AEP® (Asociación Española de Pediatría).

- *Los docentes:* limitar el uso de pantallas en los centros escolares y asumir que las competencias digitales se pueden y se deben aprender sin ellas. Permitidme el comentario: lo contrario sería como si enseñásemos educación sexual practicando sexo.

- *Las familias:* ser ejemplo, informarse, formarse y pensar antes de dar una pantalla a los hijos.

Hasta la fecha, la responsabilidad de la protección de la infancia en Internet recae en las familias y en los propios niños y adolescentes. Si lo primero es una locura, lo segundo es una irresponsabilidad.

La fórmula es simple, aunque la ejecución es complicada. La infancia y la adolescencia seguirán desprotegidas y carecerán de modelos adecuados hasta que los adultos seamos coherentes y conscientes de la importancia que reviste el tema. Es decir, seguiremos cometiendo una y otra vez los mismos errores.

Es necesaria una legislación que afecte a la infancia desde el punto de vista del derecho a la protección y a la salud. Desde la perspectiva de la protección es importante señalar, por un lado, que los niños carecen de las herramientas cognitivas para autoprotegerse en el mundo digital y, por otro, que los adultos —una familia, un centro escolar, un centro sanitario o un barrio— pueden atravesar situaciones inesperadas que impidan en circunstancias concretas la protección de los menores a su cargo. Si no se legisla, en un momento de debilidad el niño más afectado será el más vulnerable.

Respecto al derecho a la salud, desde una perspectiva de la salud pública, la prohibición —por muy mala prensa que tenga— es efectiva. El tabaco es un ejemplo reciente. Allá por el Pleistoceno, cuando era alumna de la Facultad de Medicina de mi querida Granada, presencié cómo algunos médicos y pacientes fumaban en el hospital, pues en aquellos días estaba permitido. Otro tanto sucedía en los comercios, en el transporte público y prácticamente en cualquier lugar. La gente fumaba porque no estaba prohibido. En su momento, la legislación antitabaco fue muy cuestionada y, sin embargo, hoy sería impensable volver al pasado y recuperar aquella permisividad. La medida más efectiva para la reducción de los efectos negativos del tabaco en el fumador pasivo fue prohibir fumar en lugares públicos. Nos guste o no, así es.

El problema es que, si esperamos a que las cosas estén legisladas como es debido o a que los demás tomen conciencia para actuar adecuadamente, vamos tarde. De hecho, ya vamos tarde. Así que, mi querido lector, aunque seas consciente de que la responsabilidad de lo dicho debería repartirse sobre varios hombros, en este momento la pesada carga recae sobre los tuyos. Esa es la razón por la cual escribo este libro, para que puedas tomar decisiones informadas en tu parcela de acción. Desde mi humilde opinión, el exceso de ruido mediático nos confunde.

La herramienta más eficaz que tenemos como ciudadanos de a pie es el ejemplo. ¿Somos los adultos un buen ejemplo para los niños en el uso de los medios digitales? Sin recurrir a estadísticas y por ser breve, la respuesta es no. Entonces, ¿cómo pretendemos que los niños interioricen una forma determinada de utilizar las pantallas si nuestra actuación es incoherente? Si en la transmisión del mensaje un niño percibe una contradicción entre el lenguaje verbal y no verbal, se quedarán con el lenguaje no verbal. Lo importante es el ejemplo.

Una vez más, los adultos tenemos que dejar de criticar a los niños y adolescentes y ser capaces de entonar el *mea culpa*. Ojo, no se trata de sentirnos culpables, sino de asumir la responsabilidad del mundo en el que estamos, de la realidad que nos tocó vivir como ciudadanos del siglo XXI: protegernos, educarnos, educar y exigir a los organismos competentes la protección que la infancia se merece. En otras etapas históricas hubo otros retos. En los años ochenta, por ejemplo, la población infantojuvenil se vio sacudida por el consumo de la heroína y la epidemia de VIH.

Este libro tampoco pretende demonizar a los medios digitales, por mucho que los critique. ¿Qué habría hecho yo sin Internet cuando, como relataba al inicio de esta introducción, entré por primera vez en contacto con una caso de ciberacoso? Tendría que haber ido a la biblioteca del hospital y hacer una búsqueda mucho más lenta en bases de datos tradicionales, esperar a que me enviasen los artículos en papel y leer los que estuvieran disponibles. ¿Y cómo habría contactado con INTECO? ¿Presentándome en las oficinas con un proyecto bajo el brazo? No sé... Quizá no habría sido imposible, pero desde luego sí mucho más complejo y me habría llevado más tiempo.

A modo de recomendación inicial, te adelantaré los tres aspectos fundamentales a los que tenemos que atender para poner en marcha una prevención efectiva:

1. El lugar donde se usan los dispositivos (hay que evitar los baños y el dormitorio).
2. El tiempo de uso (hay edades en las que debería ser cero).
3. Los tiempos de desconexión consciente.

Este libro pretende ser un punto de partida para los adultos, al amparo de la evidencia científica y la experiencia recopilada en mi vida profesional desde el año 2010. Intentaré responder a preguntas habituales que se repiten en la consulta, en las entrevistas en prensa y en las conferencias.

Me gustaría finalizar esta introducción con un mensaje de esperanza. Llevo tiempo diciendo más o menos lo mismo; me tildan de extremista, de radical, dicen que soy contraria a la tecnología... Todo cuanto me ha sucedido, lejos de silenciar mi voz, me ha llevado a escribir este libro, a divulgar en redes sociales, a impartir conferencias, a investigar y a ayudar donde puedo y en lo que puedo. Si yo soy capaz, tú también lo eres. Tienes tu propia parcela desde la que puedes actuar. Los grandes avances en la humanidad se hacen entre todos.

En noviembre de 2023, Mar España —la ex directora de la Agencia Española de Protección de Datos (AEPD)— me envió un mensaje que decía: «María, esto va a cambiar, las familias se están movilizando. Te envío este enlace porque hay que estar y podemos ayudar». No lo dudé un segundo, abrí el enlace y me emocioné. Después de tantos años «sola» por fin iba a estar acompañada. Las familias despertaban, era justo lo que necesitaba en ese momento.

Gracias, gracias y gracias a https://adolescencialibredemovilesmadrid.es/ y a todas las asociaciones de España por vuestra labor; los profesionales que llevamos tiempo en esto nos sentimos arropados.

Mi querido lector, la pregunta va dirigida directamente a ti: ¿aceptas el reto desde la parcela que te toca, aunque no tengas menores a tu cargo o no estés relacionado con ellos en tu vida profesional?

CAPÍTULO I

Un recorrido histórico, del concepto de nativo digital a la salud digital

CONTENIDO DEL CAPÍTULO

CASO CLÍNICO

En 2016, Javier tiene 15 años y acude a consulta acompañado por sus padres.

Los padres explican que han observado un cambio en su actitud. Ha bajado su rendimiento académico, está ojeroso, aunque se va a la cama pronto, y come menos. La madre ha tratado de hablar con él, pero se siente frustrada ante sus respuestas: «No me pasa nada, ¡pesada!».

En la entrevista a solas, Javier comenta que sus compañeros de clase le insultan en el chat de un videojuego en línea desde que perdieron una partida. Cuando habla de ello, expresa su convencimiento de que se merece lo que le está pasando: «Perdimos por mi culpa», dice.

Javier sufrió ciberacoso y se sentía triste, se esfumaron las ganas de ir a clase —a él le encantaba el colegio, porque siempre había disfrutado mucho aprendiendo y con su equipo de baloncesto—, le costaba dormirse y se despertaba con frecuencia. Dejó de salir con sus amigos y perdió el apetito.

En el año 2016 actuaríamos de forma similar a como lo hacemos hoy: en primer lugar, se hace la entrevista clínica, a continuación se realiza una exploración física para descartar lesiones —desde que se permite llevar los móviles a los centros escolares es raro que el ciberacoso se dé de manera aislada, que no esté acompañado de un acoso escolar cara a cara— y, si hay daños físicos, hay que hacer un parte de lesiones.

A continuación se redacta un informe médico, se comunica a servicios sociales y se envía esa comunicación al centro escolar. Todo ello está recogido en la *Guía clínica de ciberacoso para profesionales de la salud.*

Sin embargo, las recomendaciones a los padres cambiaron drásticamente. En el pasado utilizábamos expresiones como «nativo digital», «uso saludable de la tecnología», «uso seguro de las pantallas». Ahora no, los estudios científicos de la última década arrojaron luz, y hoy sabemos que esa terminología es inadecuada.

La tecnología está diseñada de tal modo que resulta complejo protegerse de ella. Además, la pantalla como tal ya tiene efectos en la salud, independientemente del contenido consumido. De modo que este «uso saludable» suena a reclamo comercial: las pantallas en sí mismas no son inocuas.

Algunos conceptos previos

En los últimos veinte años el conocimiento sobre cómo impactan los medios digitales en la salud evolucionó y cambió drásticamente. En la actualidad sabemos cosas que antes desconocíamos y probablemente en los próximos meses la ciencia será aún más contundente. Por eso los médicos estamos estudiando a todas horas y nos mostramos abiertos al cambio cuando la ciencia pone sobre la mesa la evidencia de que es necesario.

Antes de continuar, es importante aclarar dos conceptos que a mi entender son esenciales:

El término *digital*

En la literatura científica, expresiones como medios digitales o mundo digital hacen referencia a cualquier tipo de dispositivos: televisión, tableta, ordenador, teléfono inteligente o *smartphone,* independientemente de si están o no conectados a Internet. En la actualidad se usa también la palabra *pantalla* para designarlos genéricamente. Y esto es debido a que, como venimos comentando, en los últimos años existen datos de que las pantallas en sí mismas tienen determinada influencia sobre la salud. A lo largo del libro, dado que estos conceptos se repiten, utilizaremos como sinónimo el término tecnología, si bien su uso no es habitual en la literatura científica.

El término *tecnología*

El diccionario de la lengua de la Real Academia Española (RAE), en una de sus acepciones, define tecnología como 'conjunto de los instrumentos y procedimientos industriales de un determinado sector o producto'.

Es común en nuestros días colocar los medios digitales al mismo nivel que otras tecnologías del pasado, como, por ejemplo, la imprenta; al equipararlas, incidimos en el hecho de que no son buenas ni malas en sí mismas, sino que todo depende del uso que haga el ser humano de ellas.

Otros avances tecnológicos en la historia

Estoy de acuerdo en que, a lo largo de la historia, ante un avance tecnológico importante, como pudo ser la invención imprenta en el siglo xv, en el ámbito occidental, se generaba una gran controversia sobre si era algo positivo o negativo para la sociedad. Si uno lee las crónicas de la época, la imprenta contó tanto con defensores como con detractores. Entre estos últimos, hubo personas de determinados sectores profesionales que vieron en ella una amenaza para sus trabajos; también, quien la consideró un peligro para la supervivencia de la tradición oral. Por no hablar de otros muchos que pusieron el acento en las implicaciones derivadas de ampliar el acceso al saber a un mayor número de personas. Por el contrario, muchos individuos se centraron en los beneficios de un compendio cada vez más amplio de escritos, tanto para la época como para las generaciones futuras, que contarían con un legado perdurable. Hasta cierto punto, lógicamente salvando las diferencias, la controversia tiene plena actualidad en lo que a medios digitales se refiere.

Sin embargo, no estoy de acuerdo con la idea de que los medios digitales sean inocuos en sí mismos y que todo está en función del uso que les demos, y ello por dos razones: en primer lugar, hay medios digitales que son perjudiciales para la sociedad, como los algoritmos en las redes sociales, y en ese caso, por ejemplo, estaríamos ante un ejemplo de «tecnología que es mala»; por otro lado, estamos ofreciendo dispositivos con infinidad de usos y diseñados con patrones adictivos a cerebros que no están capacitados para hacer frente a tan magno reto.

Dicho de otro modo, en los medios digitales no vale todo; hay aspectos que deberían estar regulados y, para según qué dispositivos y qué contenidos, hay que señalar con toda claridad que son inadecuados para ciertas edades.

Relación del cerebro en desarrollo y los medios digitales en la última década

A nivel social, la forma en que se ha interpretado la relación entre el ser humano y la tecnología también ha ido variando, y es curioso el papel que ello ha tenido en la infancia y la adolescencia, aún hoy las grandes protagonistas. En general, a lo largo de la historia, estas dos etapas de la vida han sido las grandes olvidadas; niños y adolescentes han resultado los últimos en beneficiarse de los avances médicos o tecnológicos. Sin embargo, en la díada ser humano-tecnología, los primeros artículos publicados sobre el impacto del mundo digital en la salud se centraron en los menores de dos años, y muchas aplicaciones o dispositivos son creados pensando en los primeros años de vida. Antes de continuar, es conveniente aclarar que el mundo digital, en lo que a salud se refiere, tiene implicaciones a lo largo de toda nuestra existencia. A veces, parece que las pantallas solo influyen en las dos primeras décadas de la vida, y esto es falso.

Durante la infancia y la adolescencia, además de esa repercusión de las pantallas sobre la salud, se ven comprometidos otros aspectos; así, aunque también se detecte el impacto en la salud de los adultos, el mayor perjuicio se produce en los niños, que todavía están en fase de desarrollo. A lo largo de las páginas del libro iremos desgranando los detalles para dilucidar cómo afecta a todas las edades y la importancia de tomar conciencia para disminuir esa huella.

En este capítulo vamos a analizar la relación que a través de la historia se ha establecido entre el cerebro en desarrollo y la tecnología, con el fin de entender cómo hemos llegado al concepto de salud digital. Dividiremos dicho recorrido histórico en tres etapas, cada una de las cuales cuenta con su particular modo de entender cuestiones fundamentales como el neurodesarrollo, la tarea educativa de los padres y el papel de los medios digitales.

• Primera etapa: el nativo digital y los riesgos

El concepto de *nativo digital* apareció por primera vez en un artículo de opinión de Marc Prensky, publicado en *From On the Horizon* (MCB University Press, Vol. 9, N.º 5, octubre de 2001).

En dicho artículo explica que los nativos digitales pertenecen a una generación de individuos que crecieron con la tecnología desde que eran pequeños, razón por la cual tienen la capacidad de procesar la información rápidamente y de disfrutar de la multitarea y de los juegos. Por tanto, su forma de aprender tiene sus peculiaridades propias.

En contraposición a los nativos digitales, los *inmigrantes digitales*, al no haber tenido contacto con los medios digitales desde la infancia, poseen una forma de aprendizaje distinta que cabría definir como tradicional. El cerebro de estos últimos procesa la información lentamente, trabaja en una sola cosa cada vez y no aprecia otros enfoques en el aprendizaje.

Es interesante destacar que, a pesar de que la ciencia ya demostró que el cerebro humano no posee capacidad más que para un solo foco atencional y, por tanto, no es *multitarea*, el término sigue vigente y su empleo se ha generalizado en todos los ámbitos.

En el año 2009 Prensky publica *H. Sapiens Digital: From Digital Immigrants and Digital Natives to Digital Wisdom*, donde se retracta parcialmente del significado que había aplicado a la noción de nativo digital, e introduce un nuevo concepto: el de *sabio digital*. Y lo define como aquel que hace un uso prudente de la tecnología —puede ser un adulto— pero sigue atribuyendo a la tecnología poderes superiores, pues considera que esta posee la capacidad de hacer que el ser humano sea cada vez más sabio.

Según Prensky,

«[...] la tecnología digital puede hacernos cada vez más sabios. La sabiduría digital es un concepto doble: se refiere, en primer lugar, a la sabiduría que se presenta en el uso de la tecnología, con el que nuestra capacidad cognoscitiva llega más allá de nuestra capacidad natural. Y, en segundo lugar, a la sabiduría en el uso prudente de la tecnología para realizar nuestras capacidades».

Prensky es fundador y director ejecutivo de varias empresas dedicadas al aprendizaje basado en el juego, y a él se debe la creación de diferentes webs sobre el juego y el impacto social o sobre el juego educativo para los padres y los profesores.

El término *nativo digital* concede un protagonismo absoluto a los medios digitales, asumiendo que, por el hecho de que la tecnología pueda ser multitarea y sea rápida, el cerebro del niño va a cambiar drásticamente su funcionamiento por estar expuesto a las pantallas, volviéndose capaz de replicar lo que hace la tecnología. Es decir, no se tiene en cuenta el neurodesarrollo del niño y la importancia de una estimulación adecuada en función de la edad.

Por otro lado, el vocablo *nativo digital* parecía implicar algo que muchos padres asumieron: sus hijos estaban más capacitados para el uso de las pantallas que ellos mismos. Recuerdo que en aquellos tiempos, muchos padres llegaban a la consulta abatidos y sentían que había poco margen para actuar entre sus hijos y los medios digitales.

El concepto de *nativo digital* dotó de superpoderes a la tecnología, olvidando dos aspectos esenciales: el neurodesarrollo y la tarea educativa de los padres.

www.mimamayanoespediatra.es @mimamayanoespediatra

Antes de pasar a la siguiente etapa, es importante introducir otras dos nociones: uso instrumental y uso racional de la tecnología.

Uso instrumental versus *uso racional* de la tecnología

El uso instrumental de las pantallas hace referencia a su empleo básico: apagar o encender los dispositivos; entrar en una aplicación; salir de una aplicación, etcétera. El uso instrumental es sencillo. ¿Te has preguntado por qué los dispositivos digitales vienen sin libros de instrucciones? La respuesta es muy clara: no es necesario.

Para las empresas tecnológicas es esencial la experiencia del usuario y que tanto las aplicaciones como los dispositivos no constituyan una barrera en sí mismos y tengan un manejo simple. Los desarrolladores piensan en productos accesibles a cualquier edad; el uso instrumental es fácil gracias a los programadores de las empresas. Te preguntarás entonces por qué un niño desde temprana edad es capaz de utilizar las pantallas. Te daré una pista: no está relacionado ni con el neurodesarrollo ni con el cerebro del pequeño. Venga..., te doy otra: tampoco es cierto que el aprendizaje entendido como «modo de aprender» cambie porque el niño tenga un contacto tardío con la tecnología. Entonces ¿a qué se debe?

Una razón fundamental es la ya mencionada, que el uso instrumental es simple por diseño; y la segunda es que el niño aprende determinados gestos sencillos por imitación, esto es, cuando ve cómo los adultos que están a su alrededor usan sus pantallas decenas de veces a lo largo del día. Recordad que el aprendizaje por imitación en los primeros años de vida es la base del aprendizaje *per se*. Además, es importante señalar que la evidencia científica disponible nos alerta de que la tecnología interfiere negativamente en el desarrollo y en el aprendizaje, como veremos en capítulos posteriores.

Sin embargo, cuando sentamos a un niño frente a la pantalla no le pedimos que deslice el dedo por los dispositivos de forma adecuada o que entre en las aplicaciones con delicadeza. Lo que le exigimos es que tenga control sobre el tiempo, que sea capaz de saber qué datos son privados, que evite publicar fotos que lo comprometan, que cuide su huella digital, que socialice de forma adecuada y que consulte información veraz. Estos son tan solo algunos ejemplos de una lista interminable. Este «buen uso» de la tecnología es el uso racional, no el instrumental. Para un uso racional de la tecnología se necesitan herramientas cognitivas como la autogestión del tiempo, de las emociones y de uno mismo, capacidades que están localizadas en la corteza prefrontal de nuestro cerebro, un área que no termina de desarrollarse hasta los 25 o 30 años.

Por tanto, los niños pueden hacer un uso instrumental, pero son incapaces de hacer un uso racional de los medios digitales. A pesar de lo cual, los adultos nos olvidamos de lo que realmente les estamos pidiendo y los hacemos responsables de los riesgos que terminan sufriendo. Es esencial que entendamos esta diferenciación en el uso de la tecnología para poder decidir libremente cómo y cuándo queremos que nuestros hijos accedan a ella. Lo veremos en la Tabla 1. Características diferenciales entre el uso instrumental y el uso racional de los medios digitales.

Tabla 1. Características diferenciales entre el uso instrumental y el uso racional de los medios digitales.

	Uso instrumental	Uso racional
Destrezas necesarias	Motoras	Funciones ejecutivas superiores
Cómo se aprende	Imitación e intuición	Ensayo y error
Cuánto tarda en aprenderse	Minutos u horas	Semanas o meses (en cerebros desarrollados)
Quién lo gestiona	Empresas tecnológicas	Usuario

• Segunda etapa: la inmersión digital temprana y los contratos

La *inmersión digital temprana,* un concepto posterior al de nativo digital, alude a la necesidad de que el niño acceda al mundo digital a edades tempranas para evitar que se convierta en un analfabeto digital. La inmersión digital temprana iba acompañada de otro concepto esencial, el de navegación compartida, que señalaba la conveniencia de que el niño contactara con las pantallas lo antes posible en compañía de sus padres. Tanto la navegación compartida como la inmersión digital temprana fueron promovidas por ámbitos tan dispares como el entorno educativo o el sanitario. Se pensaba que el simple contacto con pantallas a corta edad permitía alcanzar fácilmente un adecuado uso instrumental y racional de los dispositivos digitales. El buen uso reduciría las conductas de riesgo en etapas posteriores y evitaría dificultades en el aprendizaje del entorno digital. Dicho de otro modo, lo que no se aprendiera a edades tempranas en el entorno digital sería difícil de asimilar en fases posteriores, situación que incluso impondría límites a la persona en sus opciones laborales futuras, al aumentar sus probabilidades de ser analfabeto digital. En ese momento se invitaba a las familias a establecer con los hijos una suerte de contratos —firmados por padres e hijos— como paso previo a que los más pequeños pudieran disfrutar de dispositivos propios.

La ciencia empezó a estudiar cómo afectaba la exposición a pantallas en niños de corta edad para aceptar o rechazar la premisa de los beneficios de la inmersión digital temprana. Las conclusiones de los primeros metaanálisis, o análisis de múltiples estudios, fueron contundentes: la exposición a pantallas a edades tempranas afecta al neurodesarrollo, entre otros aspectos.

Además, hay que tener en cuenta que, para prevenir los riesgos asociados al mundo digital, ni siquiera es necesario tener contacto con las pantallas. Por ejemplo, podemos explicar a un niño cuáles son las características de una clave segura o el riesgo de publicar datos sensibles y por qué, sin necesidad de usar el dispositivo. De hecho, los niños aprenden el uso crítico de las pantallas si sus padres hacen un uso crítico.

Las aplicaciones, las redes sociales y lo que podemos hacer con los dispositivos digitales cambia tan rápidamente que familiarizarnos con el uso instrumental de una herramienta en concreto será de poca utilidad en un futuro cercano. Por ejemplo, el aprendizaje del funcionamiento de Tuenti en el pasado no tiene relevancia en el presente porque Tuenti desapareció.

Volviendo al tema de los contratos entre padres e hijos —que incluían un listado de limitaciones que los hijos debían cumplir—, sobre todo se popularizaron como una manera de gestionar «el primer móvil del niño». La carta de Janell Burley Hofmann a su hijo Gregory de 13 años cuando le regaló su primer teléfono se hizo viral en 2012. Dicha carta recogía dieciocho normas que el niño debía cumplir si quería seguir disfrutando de su *smartphone*. El problema de los contratos es que solo contienen límites de obligado cumplimiento para los hijos, cuando deberían establecerse normas para ser observadas por todos los miembros de la familia, incluidos los padres. De este modo se colocaría a los padres en el centro de la educación de los hijos, y el ejemplo que ellos dieran se convertiría en herramienta esencial para dicho fin.

Esta etapa concede un mayor protagonismo a la tarea educativa de los padres si la comparamos con la fase previa de nativos e inmigrantes digitales, cuando parecía que aquellos no podían hacer absolutamente nada. Sin embargo, insisto, los contratos solo establecen límites o consecuencias si son los hijos quienes incumplen las normas, y se olvidan de la herramienta educativa que más influye en el niño: el ejemplo. Además, la inmersión digital temprana no tenía en cuenta el neurodesarrollo del niño. En esta fase empezaron a publicarse los primeros estudios sobre la relación entre las pantallas y el neurodesarrollo.

Los conceptos de *inmersión digital temprana* y *analfabetismo digital,* así como el uso de los contratos como herramienta educativa obviaron la importancia del ejemplo en la educación de los niños, y dejaron al margen el impacto de las pantallas en el neurodesarrollo. Esta concepción seguía dando un protagonismo exagerado a los dispositivos electrónicos: parecía que «el tren solo pasa una vez».

www.mimamayanoespediatra.es @mimamayanoespediatra

En esta época, en la consulta del pediatra se vivían situaciones casi pintorescas. Las salas de espera quedaron en silencio, porque ya no había niños correteando aquí y allá, sino pequeños pacientes fascinados por pantallas. Por otra parte, cuando los padres y el adolescente se sentaban en la consulta y sacabas estos temas, a menudo el adolescente zanjaba la conversación con un: «Díselo a mis padres, que ellos utilizan el teléfono más que yo; yo tengo muchas normas y ellos ninguna».

Llama la atención que la terminología comentada —nativo digital, inmigrante digital, inmersión digital temprana o analfabeto digital— siga estando en uso en la actualidad, mientras que los conceptos de *salud digital* y *plan digital familiar*, a pesar de contar ya con varios años de antigüedad, sean aún mayoritariamente desconocidos para la población general y para muchos pediatras, profesionales de la salud y profesores.

• Tercera etapa: la salud digital y el plan digital familiar

Los años 2016 y 2017 marcaron un antes y un después en el abordaje del uso de pantallas en la infancia en las consultas de pediatría.

Plan digital familiar

En el año 2016 la Academia Americana de Pediatría publicaba en su revista *Pediatrics* un artículo de consenso titulado «Media and Young Minds», en el que se alertaba de las consecuencias del uso de pantallas en los niños de 0 a 5 años y, por primera vez, se empleaba la expresión *plan digital familiar*. Se trata de una iniciativa que pone el énfasis en el establecimiento de hábitos de vida saludables al margen de las pantallas y en la creación de normas para toda la familia, incluidos los progenitores. Además, alienta a estos últimos a que se conviertan en el mejor ejemplo para sus hijos en lo relativo al uso de los dispositivos.

La Sociedad Canadiense de Pediatría (CPS) desempeña un papel relevante, crítico y actualizado en este campo; en el año

2022 se reafirmó en las recomendaciones previas con un artículo de actualización del impacto de las pantallas en los menores de 5 años.

En 2023, la Asociación Española de Pediatría publicó el plan digital familiar para explicar a las familias cómo afectan las pantallas a lo largo de la vida, así como en las distintas etapas de desarrollo, y cuáles son las recomendaciones para disminuir dicho impacto. El plan vio la luz tras un trabajo de dos años en el transcurso de los cuales se recopiló la evidencia científica disponible. Su intención es constituir un proyecto vivo, con actualizaciones anuales destinadas a incorporar los avances científicos.

El plan digital familiar de la AEP se materializa en una web, https://plandigitalfamiliar.aeped.es articulada en los siguientes apartados: para familias, para pediatras, mi plan digital familiar, ¿quiénes somos?, contacto, bibliografía e infografías. En el denominado «mi plan digital familiar» se incluyen una serie de recomendaciones para toda la familia, organizadas por edades y basadas en la evidencia científica. Cada una de estas sugerencias dispone de argumentos sustentados por la ciencia, y se ofrecen alternativas al margen de las pantallas para disminuir el impacto sobre la salud. Las recomendaciones seleccionadas se pueden imprimir en un documento que colgaremos en un lugar visible de casa como por ejemplo, en la nevera.

Salud digital

En el año 2017 la citada Sociedad Canadiense de Pediatría publica en su revista *Pediatric Child Health* un artículo con el título «Screen Time and Young Children: Promoting Health and Development in a Digital World». El texto es una revisión del impacto de los medios digitales en los menores de 5 años, y se cita como autor al grupo de trabajo de salud digital de la CPS. Este artículo es especialmente relevante, porque define la influencia de las pantallas sobre la salud en todas sus esferas: física, mental y social.

A partir de este momento en pediatría empieza a concederse entidad al tema de la salud digital, de la misma forma que gana importancia la salud sexual o la salud bucodental. Posteriormente, en el año 2019, la misma Sociedad Canadiense de Pediatría publicó cómo impactaban los medios digitales en los niños en edad escolar.

Ya en el siglo pasado, concretamente en 1946, la OMS explicó el concepto de salud como el 'completo bienestar a nivel físico, mental y social'. Esta definición resultó verdaderamente revolucionaria, al considerar la salud como bienestar, más allá de la mera ausencia de enfermedad. Hay otras muchas aproximaciones posteriores al término; por ejemplo, la que da Terris en los años ochenta, que suprime de la definición de salud el término *completo* por considerarlo irreal; en su lugar, introdujo la palabra *funcionalidad*, dando así cabida al concepto de *diversidad funcional*.

El mundo digital impacta en todas las esferas del individuo: a nivel físico, mental, social, sexual y funcional. El uso de las pantallas, el diseño de «lo digital» y el contenido tienen repercusiones sobre la salud a cualquier edad. La infancia y la adolescencia son especialmente vulnerables, al estar todavía en desarrollo; en este grupo de población afectan al neurodesarrollo, a la evolución psicoafectiva y al aprendizaje, e interfieren en el establecimiento de unos hábitos de vida saludables.

En la actualidad, cuando en la consulta del pediatra hablamos con los padres de salud digital y del plan digital familiar, se entiende ya que constituye un aspecto más en el que educar; los progenitores asumen que tienen la responsabilidad de ser buenos ejemplos para sus hijos y que es importante establecer límites desde edades tempranas. El plan digital familiar es una herramienta de ayuda, con un lenguaje claro y al amparo de la evidencia científica.

El objetivo de la salud digital es disminuir los riesgos sobre la salud del uso de las pantallas, del contenido de Internet y del diseño perjudicial. Para ello es necesario promover los hábitos de vida saludables, la detección precoz de los riesgos, tratar de forma adecuada los casos y evitar las complicaciones.

Los conceptos de salud digital y plan digital familiar, junto con la publicación de artículos de consenso por parte de diversas sociedades científicas pediátricas de distintos países, ponen de relieve desde el año 2016 la preocupación generada ante el impacto de los medios digitales en la salud de toda la población y, especialmente, de la infancia y la adolescencia.

El plan digital familiar promueve una serie de recomendaciones clasificadas por edad, la mayoría de ellas aplicables a toda la familia, e insta a los padres al ser el mejor ejemplo para sus hijos. La salud digital tiene en cuenta el impacto sobre el desarrollo integral de la infancia y la adolescencia. Es el primer concepto en que, en la interacción humano- tecnología digital, el dispositivo en sí mismo pierde protagonismo en la prevención y es causa de efectos negativos en la salud.

www.mimamayanoespediatra.es @mimamayanoespediatra

CAPÍTULO II

La evidencia científica es para los científicos

CONTENIDO DEL CAPÍTULO

CASO CLÍNICO

En 2020 vivimos la pandemia de coronavirus provocada por el virus SARS-CoV-2 o Covid-19. Todo comenzó en la ciudad china de Wuhan. Cuando se detectaron los primeros casos en Italia, los médicos descubrieron que los estudios científicos publicados en China eran escasos para hacer frente al problema. Cuando el virus llegó a Europa los científicos investigaron sobre algo desconocido.

El método científico tiene una serie de pasos y parte de una pregunta, y dependiendo de la pregunta a la que deseemos responder, la investigación es distinta: se usa un tipo de estudio u otro, una manera concreta de recoger y analizar los datos, se discuten los resultados con otros estudios similares publicados y se concluye dando una respuesta a la pregunta planteada.

En la pandemia, las preguntas eran infinitas. Los médicos, los microbiólogos, los biólogos, los epidemiólogos y un largo etcétera de profesionales comenzaron a formular preguntas y a diseñar estudios para dar respuestas certeras. Al inicio había tres grandes preocupaciones, como en cualquier enfermedad infecciosa desconocida: la prevención, el diagnóstico y el tratamiento.

Desde un punto de vista preventivo, era importante saber: ¿cómo se contagia?, ¿cómo se puede evitar el contagio?, ¿qué población es más vulnerable?, ¿qué tipo de vacuna podría ser efectiva? Para responder a cada una de las cuestiones se necesita una manera diferente de hacer las cosas desde el punto de vista de la ciencia.

Contestar los interrogantes relacionados con el contagio e identificar a la población más vulnerable requiere estudios poblacionales y transversales. Es decir, necesitamos recoger los datos de determinado número de personas en un momento concreto y analizarlos estadísticamente. En este tipo de estudio, el objetivo es determinar el número de casos, de contagiados, de fallecidos, la edad de los fallecidos, etcétera.

El método científico en el desarrollo de una vacuna es distinto. Al tener que demostrar que la vacuna es eficaz y segura, se necesitan una serie de pasos concretos o fases. Hay que constatar la relación entre la causa —se administra la vacuna— y el efecto —se impide el desarrollo de la enfermedad o disminuye la gravedad—. Para la fase cuyo objetivo es conocer si la vacuna tiene una relación causa-efecto en la prevención del SARS-CoV-2, hacen falta ensayos clínicos.

Los ensayos clínicos son estudios donde hay dos grupos seleccionados de un número determinado de personas; al grupo A se le administra la vacuna y al grupo B un placebo, un preparado de aspecto exterior y procedimiento de administración idéntico a los de la vacuna (tipo de jeringuilla, color del líquido, tipo de aguja, forma de inyectarlo...), pero que carece de efecto. Este tipo de ensayo clínico se utiliza para el desarrollo de una vacuna nueva para un determinado microorganismo.

Si se quiere comparar el efecto entre dos vacunas, se le administra al grupo A una vacuna y al grupo B otra vacuna frente al mismo microorganismo. Se recurre a esta clase de ensayo clínico cuando existe una vacuna eficaz en el mercado y sale una nueva. En estos casos hay que demostrar que la recién nacida es eficaz y mejor que la anterior.

El ejemplo de la pandemia sirve para ilustrar que la evidencia científica obtenida de los estudios poblacionales es igual de válida que la que aportan los ensayos clínicos. La diferencia es que cada tipo de investigación sirve para dar respuestas a preguntas distintas.

El término *evidencia científica* en el análisis de los efectos de las pantallas sobre la salud y el desarrollo de la infancia y la adolescencia fue tan ampliamente utilizado por personas ajenas a la ciencia que terminó por quedar desvirtuado. Para obtener conclusiones válidas es necesario conocer el método científico, los tipos de estudios y la finalidad de cada uno de ellos. Debatir sobre un tema tan complejo con alguien que desconoce lo anteriormente expuesto es inútil.

En mi opinión, en la actualidad, la mencionada expresión, *evidencia científica,* se usa de forma incorrecta en este campo. El objetivo de la ciencia es plantear preguntas, aplicar el método científico y dar respuestas. Si la evidencia científica se manipula para intentar encontrar las respuestas que buscas, das por válidas investigaciones con una metodología deficiente o tergiversas lo que dice el propio estudio, estás haciendo un uso inadecuado de las conclusiones de la ciencia en beneficio propio. Si en la pandemia de 2020 se hubiese actuado como se está haciendo con la evidencia científica en el ámbito de las pantallas, permitiendo que un científico tenga la misma credibilidad que una persona sin formación a la hora de interpretar, probablemente hoy estaríamos en una situación muy similar a la del momento en que se desencadenó.

Mi recomendación es que la evidencia científica sea interpretada solo por los científicos.

Más allá de la evidencia científica

En medicina estamos acostumbrados a tomar las decisiones en función de la evidencia científica. La ciencia va evolucionando en los diferentes trastornos, enfermedades y patologías con mucha velocidad. Esa es la razón de que los médicos estudiemos tanto, nos especialicemos, hagamos cursos o vayamos a congresos. Estar al día de las novedades de tu especialidad supone un reto porque los cambios son rápidos y la cantidad de información es abrumadora.

La evidencia científica nos ayuda en el día a día en la toma de decisiones médicas. Para ello hay que tener un conocimiento profundo sobre el tema que vamos a revisar. Si necesitas información sobre algo que desconoces, primero has de estudiar sobre la temática recurriendo a libros o a artículos de revisión, por ejemplo, para luego hacer la búsqueda de las novedades. ¿Y por qué es así? Porque si no tienes unos conocimientos previos sobre la materia, cuando leas el artículo científico te será difícil discernir si es adecuado o no. Por otro lado, es esencial estar formado en bioestadística y metodología para la lectura crítica de los textos, los distintos tipos de estudios, etcétera.

Recuerda

- La comprensión adecuada de los artículos científicos requiere tener los conocimientos necesarios previos para poder ser crítico tanto en cuanto al contenido como a la metodología.

- Tener acceso a la bibliografía sin el conocimiento previo necesario es insuficiente para obtener conclusiones válidas.
- Leer artículos científicos sobre un tema sin la formación adecuada nos puede llevar a conclusiones erróneas.

Imaginad lo grave que podría ser para un enfermo si su médico actuase del modo anteriormente descrito.

Está claro que la evidencia científica es importante en muchos campos, pero es una expresión empleada tantas veces de forma incorrecta que ha perdido su sentido. ¿Es razonable basar en evidencias científicas la educación de nuestros hijos o nos estamos volviendo locos? Para mí lo lógico es que los científicos interpreten los resultados y sean los encargados de trasladarlos a un lenguaje que resulte útil a la población.

En los últimos meses, el debate de las pantallas es omnipresente. Da la sensación de que cualquiera está capacitado para hablar al respecto con un criterio válido. Se suele utilizar el término «evidencia científica» a la ligera.

Esta circunstancia puede confundir a la población. Las personas están pensando que la ciencia es contradictoria, y esto, además de ser falso, es peligroso. La ciencia puede tener un mayor o menor conocimiento sobre un tema, y a veces se publican estudios mal diseñados, por eso es importante tener los conocimientos previos para proceder a una lectura crítica adecuada. Los científicos están formados para saber qué estudios están bien hechos y cuáles no, de qué tipo deberían ser si una cuestión está en duda. Si la ciencia está bien hecha y es interpretada de forma correcta, las conclusiones serán las mismas, con independencia de quien haya asumido esa tarea de interpretación.

Recuerda

Para la lectura y comprensión de artículos científicos es necesario:

- Un conocimiento profundo de la materia;
- Formación en bioestadística, metodología científica, tipos de estudios y lectura crítica científica, entre otras.

Recomendación importante:

- Si no cumples con los criterios señalados, es posible que obtengas conclusiones erróneas de los estudios científicos.
- Si lees artículos de opinión o periodísticos y se basan en evidencia científica, revisa el currículum de la persona que interpreta los datos.
- Si dicha persona está familiarizada con la materia de la que trata el artículo tan solo de forma superficial o desconoce la interpretación de los datos, cabe la posibilidad de que la información transmitida contenga errores.

La evolución del mundo digital dificulta la comprensión científica de los riesgos

Los medios digitales presentan continuos retos, dada su vertiginosa evolución. Los estudios publicados hace diez años tenían unos objetivos diferentes a los actuales y, por tanto, las preguntas eran distintas y el diseño de los procedimientos era otro. Por ejemplo, hace una década no existía el *scrolling* infinito; de forma generalizada, los adolescentes no tenían acceso a teléfonos inteligentes; el cambio y la diversificación de las redes sociales no era como hoy; etcétera. Además, los primeros estudios realizados fueron genéricos, no tomaban en cuenta la edad, el tiempo ni el tipo de pantalla o una conducta concreta. ¿La razón?: se desconocía que el impacto fuera diferente según la edad, el uso y otras variables.

La ciencia bien hecha es cara y requiere tiempo. Para investigar se necesitan recursos económicos y humanos. La ciencia precisa años para obtener datos concluyentes. Por desgracia, siempre irá por detrás del desarrollo de los medios digitales. Habrá que seguir investigando, pero tendremos que cuestionar si lo correcto es esperar a la ciencia para tomar decisiones.

Qué es la evidencia científica

Llevamos unas líneas dedicadas a la evidencia científica, pero qué es exactamente. «La evidencia científica es el uso consciente, explícito y juicioso de datos válidos y disponibles procedentes de la investigación científica». Por ejemplo, en la práctica médica, nos permite determinar si lo que leemos o nos explican en una conferencia está en investigación, necesita más estudios o está demostrado y lo podemos usar mañana mismo en la consulta.

Hay múltiples clasificaciones de la evidencia científica para establecer relaciones causa-efecto; doy algunos ejemplos, de acuerdo con AHRQ por sus siglas en inglés: Agency for Healthcare Research and Quality:

- Nivel de evidencia Ia: evidencia derivada de un metaanálisis (estudio que hace un análisis estadístico de estudios) o varios ensayos clínicos aleatorios (asignación de los participantes al grupo A o al grupo B al azar).

- Nivel Ib: evidencia de al menos un ensayo clínico aleatorizado (asignación de los participantes al grupo A o al grupo B al azar).

- Nivel IIa: evidencia de al menos un ensayo clínico sin aleatorización (la asignación de los participantes al grupo A o B no es al azar).

- Nivel IIb: evidencia derivada de datos de al menos un estudio de tipo experimental que no sea ensayo clínico. Por ejemplo, retirar las pantallas una semana y ver qué pasa en las relaciones familiares. No hay un grupo B con el que podamos comparar.

- Nivel III: evidencia derivada de estudios no experimentales (el investigador no introduce cambios, solo analiza los datos): estudios descriptivos, estudios comparativos, estudios de correlación o estudios caso-control.

- Nivel IV: evidencia de una serie de casos. Por ejemplo, en 2020, recoger datos de los pacientes ingresados por Covid-19 en un hospital determinado.
- Nivel V: opinión de un comité de expertos o bien de la experiencia clínica de una autoridad respetada.

Esquema 1. Nivel de evidencia para establecer relación causa-efecto.

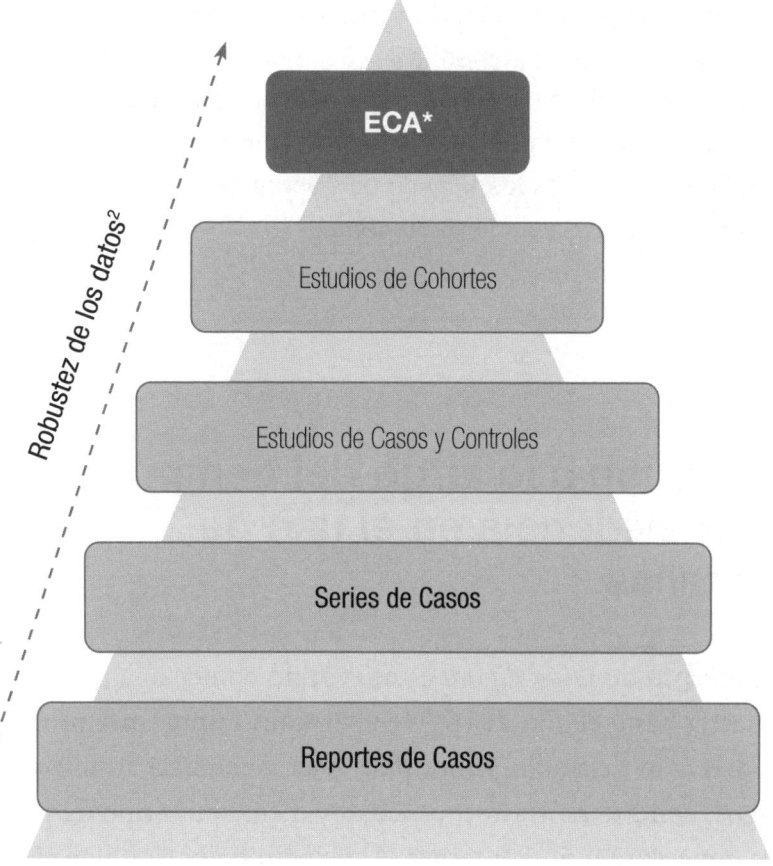

*ECA: Ensayo clínico aleatorizado

Si continuamos con el ejemplo de la pandemia, en 2020, antes de que se pudieran hacer los primeros ensayos clínicos para el tratamiento de la Covid-19, los pacientes llegaban a los hospitales y había que tratarlos. Los neumólogos e intensivistas se dieron cuenta de que el fármaco recomendado no mejoraba la clínica de los ingresados. Entonces, se publicó un documento de consenso para protocolizar el uso de corticoides —que mejoraban la evolución de los enfermos— con la experiencia clínica acumulada hasta la fecha y por conocimiento previo en infecciones similares. Más adelante se hicieron ensayos clínicos aleatorizados usando diferentes dosis o tipos de fármacos, pero esto llevó un tiempo.

Evolución a lo largo del tiempo de la evidencia en el uso de pantallas

El concepto de *salud digital* es nuevo; no comenzó a usarse en pediatría hasta el año 2016, y encierra un importante problema derivado de su amplitud, pues hace referencia a múltiples riesgos, conductas, trastornos, edad y a cualquier tipo de pantalla conectada o no a Internet. Al principio, los estudios realizados eran excesivamente genéricos.

Los primeros estudios

Para explicar estas investigaciones iniciales, partamos de una pregunta que nos sirva de ejemplo. ¿Qué produce en los niños de 0 a 15 años el uso de pantallas?

Al ser una pregunta tan amplia, analicemos qué problemas plantea para el método científico:

1. El neurodesarrollo en este grupo de edad es cambiante y no se pueden comparar los riesgos y beneficios en un colectivo tan diverso.

2. El vocablo *pantallas* es muy genérico; puede referirse a la televisión, la tableta, el teléfono inteligente...

3. Los diferentes usos: ver pornografía, apuestas *online*, leer un libro, redes sociales... Las opciones son muchas.

4. Estudiar todos los efectos a la vez es complejo; no es lo mismo la fatiga ocular que el insomnio o el impacto en el aprendizaje.

Además, es importante señalar que, en algunos campos del conocimiento del impacto de las pantallas en la salud, aún no existe una terminología consensuada a nivel internacional y se carece de instrumentos de medida estandarizados. Esto impide que los estudios sean comparables entre sí y aleja la posibilidad de su análisis conjunto. Por ejemplo, hasta el año 2020 las distintas conductas adictivas en Internet estaban «sin nombre». Ese año se publicó el primer consenso que determinó la denominación de estas patologías —Uso problemático de Internet (UPI)—; se estableció una clasificación, se ofreció una definición concreta de cada una de las conductas con potencial adictivo, se fijaron unos criterios clínicos y se propusieron instrumentos de medida comunes y con reconocimiento internacional. Hasta la fecha, los términos, las definiciones y los cuestionarios usados en los artículos científicos eran diferentes y, por tanto, no se podían analizar juntos. Este consenso supone una revolución, pues permite que los científicos investiguen con la misma metodología y que los resultados obtenidos se puedan comparar. Haré alusión al término Uso Problemático a Medios Digitales (UPMD), al englobar el uso problemático esté o no conectado a Internet.

Las encuestas y sus limitaciones

La mayoría de los estudios publicados son encuestas, y las encuestas nos permiten conocer la foto de un momento concreto. Es decir, al no hacer seguimiento de los participantes, obtenemos datos de lo que ocurre en el instante en el que realizamos el estudio. Sin embargo, desconocemos qué pasará más tarde.

Las encuestas son útiles para ver tendencias, conocer qué investigación sería interesante realizar —porque demostremos, por ejemplo, que dos variables cambian a la vez— o para tomar decisiones a nivel poblacional, concretamente políticas de salud pública, dado que informan sobre la frecuencia de determinada cuestión en un grupo concreto de personas.

Las limitaciones son que, aunque estén bien planteadas —por ejemplo, que se elija a los encuestados al azar y que dicha muestra sea representativa de la población de análisis—, las encuestas no nos permiten establecer relaciones causa-efecto. Esto se debe a que carecen de un grupo control y de un seguimiento a lo largo del tiempo, al tratarse de trabajos realizados en momentos puntuales. Es lo que denominamos estudio transversal.

Si una encuesta es autocumplimentada por los propios encuestados, tiene mayor riesgo de presentar sesgos —datos erróneos o parcialmente ciertos—. Por ejemplo, es bastante habitual que el propio participante en el estudio autocumplimente la encuesta, sin tener en cuenta que puede tener dudas en las contestaciones o no ser consciente de las horas reales que pasa frente a la pantalla. Esta situación podría ocasionar que el resultado final tenga un menor impacto sobre las variables estudiadas. También puede suceder a la inversa. Imaginemos un participante al que el día anterior a ser encuestado sus padres le han dicho que pasaba demasiado tiempo frente al móvil, de modo que está tan concienciado que al autocumplimentar la encuesta quizá ponga más horas de uso de las que realmente ha estado, por las circunstancias vividas el día previo.

Supongamos que los resultados de nuestra encuesta nos indican que los adolescentes que pasan más horas frente a la pantalla evidencian más síntomas de depresión —mayor tiempo de pantalla, mayor sintomatología depresiva—; ambas variables están relacionadas, presentan correlación, ya que aumentan de forma simultánea. Aun así, desconocemos si la presencia de sintomatología depresiva aumenta el tiempo de consumo o el hecho de consumir más tiempo de pantalla es el factor desencadenante de los síntomas de depresión. Las dos variables están relacionadas, pero, en ausencia de seguimiento y de grupo comparativo, no podemos obtener relaciones de causa-efecto.

Dentro de este tipo de estudios transversales hay, por decirlo así, «diferencias en la calidad».

- **Caso 1:** estudio en los pacientes de una consulta determinada donde los participantes autocumplimentan unas preguntas; dichas preguntas fueron elaboradas por el investigador.

- **Caso 2:** estudio en población española con selección aleatoria (al azar) de los participantes, que cumplimentan una serie de cuestionarios validados.

En el ejemplo 1 puede haber más sesgos o errores (por ejemplo, el cuestionario no está validado y hay preguntas que quizá sean ambiguas) que en el 2. Cabe pensar que los resultados que se extraigan del estudio 1 serán más limitados.

En los últimos años, se dieron dos circunstancias que están cambiando drásticamente la situación:

- Realización de ensayos clínicos.

- El denominado Estudio ABCD®, un estudio poblacional —con muchos participantes—, longitudinal y prospectivo —hay seguimiento de los participantes a lo largo del tiempo—, que está publicando resultados interesantes desde 2017.

Los ensayos clínicos en el uso de pantallas

Volviendo al ejemplo de la pandemia, cuando un fenómeno es desconocido es importante hacer estudios transversales con el fin de obtener datos preliminares lo antes posible y decidir cuáles son los siguientes pasos. Este es el motivo por el que las investigaciones iniciales ante un fenómeno más o menos novedoso son de carácter poblacional transversal, es decir, se estudian una serie de cosas en una población determinada y en un instante puntual, sin hacer seguimiento.

En un momento dado, la ciencia tenía claro que las pantallas impactaban en la salud porque en múltiples estudios transversales las variables se comportaban de la misma forma. El uso de pantallas empezó a asociarse con la depresión, la ansiedad, las alteraciones en el sueño, entre otras muchas cosas. Era importante conocer si las pantallas provocaban las alteraciones del sueño o, por el contrario, si los adolescentes con trastornos del sueño accedían a más pantallas por la noche. Con independencia del interés científico de la relación entre la causa y el efecto, había un problema ético para la realización de los ensayos clínicos —estudios que determinan relación causal—. Se sabía que exponer a personas a pantallas antes de dormir empeora el sueño, aunque no fuera más que por la reducción de horas de descanso. Los científicos empezaron a plantearse si era adecuado exponer «obligatoriamente» a menores a las pantallas con un fin científico, ante la certeza de que dicha exposición implicaba un daño potencial.

Desde hace unos años, los ensayos clínicos sobre el tema que nos ocupa comparan la desconexión digital con el uso de pantalla. Se escoge a dos grupos, a uno de ellos se le pide reducir o eliminar el uso de pantallas durante un tiempo determinado, y en el otro grupo no se interviene, es decir, siguen con el mismo contacto que tenían previamente. Este tipo de ensayos clínicos no generan un debate ético, porque la intervención es la desconexión, y con ellos se están obteniendo resultados muy interesantes que permiten conocer la relación causa-efecto del contacto con pantallas. Probablemente en unos meses o en pocos años tengamos las suficientes revisiones sistemáticas de ensayos clínicos de esta modalidad, lo que permitirá un mejor conocimiento del problema.

Estudio ABCD®

El Estudio del Desarrollo Cognitivo del Cerebro Adolescente (ABCD, por sus siglas en inglés: Adolescent Brain Cognitive Development) es el que cuenta con más participantes y seguimiento a más largo plazo sobre el desarrollo cerebral y la salud juvenil de cuantos se han hecho hasta la fecha en el mundo. Se está realizando en población estadounidense y está financiado con fondos públicos que provienen de los Institutos Nacionales de la Salud (NIH por sus siglas en inglés: National Institutes of Health).

Los investigadores encargados de llevar a cabo este ambicioso proyecto son científicos de reconocido prestigio en los campos de la neurociencia y el desarrollo adolescente. El Consorcio de Investigación de ABCD cuenta con un centro de coordinación, otro de análisis de datos e informática, y veintiún centros más de investigación en todo el país.

Se reclutó a 11 878 participantes con edades comprendidas entre los 9 y 10 años; los investigadores llevan un registro de su desarrollo biológico y conductual a lo largo de la adolescencia y hasta la temprana edad adulta.

Los objetivos fundamentales del Estudio ABCD® son determinar cómo las experiencias de la niñez —como el deporte, los medios digitales, los videojuegos, las redes sociales, los hábitos de sueño poco saludables y el consumo de tabaco— interactúan entre sí y cómo pueden repercutir en el desarrollo cerebral, las relaciones sociales, la conducta, el rendimiento académico o la salud, entre otros aspectos.

Los resultados están aportando información práctica a los padres, al personal docente, a los profesionales de la salud y a los Gobiernos y legisladores, con la intención de fomentar la salud y el bienestar de la infancia y la adolescencia.

El estudio consta de varias visitas, en la primera de las cuales, que realizan los participantes y sus padres, se ponen en marcha los siguientes procedimientos:

- Entrevistas y cuestionarios para padres e hijos.
- Juegos y rompecabezas para evaluar la función cognitiva de los participantes.
- Obtención de muestras biológicas (como saliva) para realizar pruebas genéticas y de otro tipo.
- Una resonancia magnética que no irradia y proporciona imágenes de calidad del cerebro de una forma segura.

El seguimiento consiste en la evaluación completa anteriormente citada cada dos años; en años alternos se realiza un cuestionario y cada tres o seis meses, un seguimiento breve por Internet o por teléfono.

El Estudio ABCD® permitió la creación de una base de datos única, que está disponible y es accesible para la comunidad científica, con información anónima y seleccionada. Estos datos se publican anualmente desde 2018.

En los últimos años, los ensayos clínicos que comparan la desconexión digital con el uso de pantallas y el Estudio ABCD® están cambiando el conocimiento de los efectos de estas en la salud y el desarrollo.

Las revisiones sistemáticas, la joya de la Corona

Las revisiones sistemáticas —estudios que engloban a otros y con los que se hace un análisis común— empezaron a realizarse cuando hubo encuestas suficientes sobre el impacto de los medios digitales en la salud. En las revisiones sistemáticas, si se sigue la metodología correcta, las conclusiones obtenidas son más fiables que en un estudio aislado. En el futuro próximo probablemente tendremos revisiones sistemáticas de los ensayos clínicos y de los datos obtenidos del Estudio ABCD® que nos permitirán un conocimiento más profundo que las revisiones sistemáticas de encuestas.

Los retos científicos a corto plazo

Después de más una década de estudio sobre cómo impactan las pantallas en la salud y el gran avance de la neurociencia, somos conscientes de que es un tema altamente complejo. Hay que seguir haciendo ensayos clínicos que valoren un efecto concreto y a una determinada edad. Además, sería recomendable realizar estudios poblacionales similares al Estudio ABCD® en otras partes del mundo.

Por otro lado, son necesarios los consensos de expertos para definir correctamente cada uno de los impactos y acordar los instrumentos de medida con mayor validez, tal y como ocurrió en el UPI.

En los últimos años, a nivel científico se persiguen resultados concluyentes gracias al diseño de las investigaciones realizadas. El problema de la ciencia es que requiere inversión económica y medios humanos, y además es lenta. Sin embargo, el avance de la tecnología es rápido, está determinado por la obsolescencia de aplicaciones y dispositivos.

Estamos inmersos en una carrera en la que compite una tortuga frente a un guepardo, y así es difícil, ya que las condiciones de partida para la ciencia y la tecnología son diferentes.

La única manera de poner freno a la situación actual sería exigir que, ante un nuevo diseño tecnológico, fuera necesaria la realización de ensayos clínicos que demostraran que es inocuo para la salud y que en determinada medida consigue optimizar algún área de la existencia humana. En la actualidad, esta propuesta es inalcanzable.

La ausencia de evidencia no es sinónimo de evidencia de ausencia

> La falta de pruebas sobre un hecho, ya sea la comisión de un delito o la eficacia de un tratamiento, no significa que ese hecho no exista; simplemente indica que aún no hay suficiente información para confirmar o descartar su existencia [...] Del mismo modo, ante la falta de pruebas científicas (evidencia) sobre los efectos beneficiosos o perjudiciales de un tratamiento de cualquier tipo (medicamento, dieta, cirugía, etc.), hay que ser muy cautelosos para evitar sacar conclusiones apresuradas o erróneas.
>
> COCHRANE IBEROAMERICANA

Volviendo al ejemplo del inicio del capítulo, cuando llegaron los primeros casos de coronavirus a Europa y los médicos fueron conscientes de que estaban ante algo desconocido, sobre lo que no había evidencia científica, el principio para adoptar determinadas disposiciones fue la cautela. En el mundo científico, ante la falta de evidencia las decisiones deben tomarse bajo la premisa de la prudencia.

¿Qué podría ocurrir si no se actúa así? El principal riesgo si se implementan medidas antes de contar con la evidencia es que cuando esta llegue puede ser necesario replantear las primeras. En el campo que nos ocupa están en juego la salud y el desarrollo.

> Un ejemplo claro es lo ocurrido en el sistema educativo. Al aplicar de forma incorrecta el método científico en lo que respecta al uso de pantallas en la educación, se cometió el error de implantar las pantallas sin saber si era mejor que lo ya existente. Desde un punto de vista científico, antes de implantar en el sistema

educativo el uso de pantallas, se debería haber planteado una serie de hipótesis o preguntas. Por ejemplo: ¿para el aprendizaje es mejor la pantalla o el papel?; ¿la edad del niño es un factor determinante?; ¿tiene la pantalla un efecto negativo sobre el bienestar? Al tomar decisiones sin investigaciones previas en esta línea, la información de la que disponemos procede de los estudios sobre el impacto de las pantallas en la salud. En la práctica, esto supone que hemos contestado antes a la última pregunta sin saber si mejora o no el aprendizaje del niño. Llegados a este punto, desde la perspectiva de la ciencia es absurdo que se pida evidencia científica que demuestre los efectos negativos. Lo lógico hubiese sido tener evidencia de los beneficios —de que la pantalla mejora el aprendizaje— para llevar a cabo el cambio respecto al modelo educativo previo. El problema actual es que desde el punto de vista científico la digitalización en la educación debería replantearse y eso supondría dar marcha atrás en las decisiones tomadas, con todo lo que esto implicaría.

FRAGMENTO DE UNA ENTREVISTA QUE ME HICIERON
EN MEDSCAPE EN 2024.

En la actualidad, tanto en prensa generalista como en artículos científicos, aparece como conclusión que, al no haber suficiente evidencia científica, las recomendaciones de las sociedades pediátricas no se sustentan y deberían ser revisadas. En su mayoría, dichas recomendaciones se revisan anualmente debido a la cantidad de estudios publicados, y tienen en cuenta, además de las publicaciones, la experiencia clínica y el conocimiento acumulado (neurociencia, desarrollo psicoafectivo, establecimiento de hábitos de vida saludables, estadísticas de otros profesionales, como los informes de Fiscalía de Menores, entre otros). Y la información disponible apunta a que, con la evidencia acumulada y siguiendo el principio de no dañar y actuar siempre con prudencia, en este tema hay que ser extremadamente cautelosos. Además, sabemos que un mensaje puede tardar décadas en construirse y tan solo una declaración pública de escasos minutos en ser destruido.

Recomendaciones según la edad

De 0 a 6 años

En la etapa de 0 a 6 años, teniendo en cuenta la evidencia disponible sobre el impacto de las pantallas en el neurodesarrollo y los avances en neurociencia, podemos afirmar que no existe un tiempo inocuo de pantalla y la recomendación es evitar su uso.

De 6 a 12 años

En la etapa de 6 a 12 años, el niño aprende por imitación y de las experiencias en el mundo real. Ante una pantalla reproduce por repetición, pero no asimila la información y le cuesta diferenciar el mundo real del virtual. Si los padres quieren introducir tiempos de pantalla, deberían ser inferiores a una hora, en dispositivos fijos y acompañados de un adulto.

De 12 a 16 años

Si antes de los 16 años los padres tienen la necesidad de establecer contacto con sus hijos, hay que priorizar los dispositivos sin acceso a Internet, como los teléfonos no inteligentes.

A partir de los 16 años

A partir de los 16 años, si los progenitores consideran que ellos están formados para acompañar a sus hijos y ven que estos muestran la madurez suficiente para hacer frente a los retos del mundo digital, supervisarán el uso del teléfono inteligente e instalarán aplicaciones de control parental.

Hay que evitar que sea un regalo en la etapa adolescente; por ejemplo, podrían disponer de un dispositivo antiguo de los padres, que será cedido para unos objetivos concretos y previamente pactados.

Es necesario actuar

La pregunta siguiente sería ¿podemos esperar a que la ciencia nos dé todas las repuestas para tomar decisiones? Para contestar, me voy a referir a tres casos tipo que se repiten prácticamente cada día en la consulta:

- **Caso 1.** Judith tiene tres años y medio. Viene a verme con sus padres porque, jugando en el parque, se hizo daño en la muñeca. Cuando acuden a consulta, yo hablo directamente con los niños y les pregunto a ellos, pues al final son los pacientes y, por tanto, los verdaderos protagonistas. Es frecuente a esta edad que, si no te conocen, no contesten, pero en este caso los padres estaban preocupados porque Judith solo designaba, y no hablaba. Efectivamente, la circunstancia requiere atención. Judith se queda con sus padres en la sala de espera hasta que le hagan una radiografía. Yo salgo de vez en cuando para valorar el dolor y comprobar cómo se encuentra, y en todas las ocasiones la niña está viendo dibujos en el teléfono de su padre. Le hacen la radiografía y pasamos todos a la consulta para explicar a los padres y a Judith el resultado de la prueba. La radiografía es normal, tuvimos suerte, no hay nada roto. Al preguntar por el tiempo que pasa Judith frente a la pantalla, los padres me comentan que por las tardes suele ver varias horas la televisión y, en este tipo de situaciones o, por ejemplo, cuando van a un restaurante, a menudo le ponen dibujos en el móvil. Les explico que el retraso del lenguaje puede deberse a múltiples factores y que el uso de pantallas es uno de ellos. Lo recomendable es cero pantallas y, poco a poco, transmitirle el mensaje de «no te entiendo» cuando Judith se limite a designar. Fijamos una próxima consulta para tres meses después, con el fin de realizar una reevaluación. En esa revisión, compruebo que la comunicación de Judith ha mejorado de forma evidente; juega más y se frustra menos.

Este caso ilustra que las recomendaciones científicas en este rango de edad son desconocidas para las familias y, por tanto, es necesario divulgar el conocimiento entre la población para que se puedan tomar decisiones informadas.

En la actualidad, muchas familias desconocen la importancia de evitar el uso de pantallas en los menores de 6 años.

- **Caso 2.** Juan tiene 8 años y sus padres están informados sobre la supervisión de las pantallas en casa. Acuden a consulta porque notan que desde hace un mes le cuesta trabajo dormirse y tiene despertares frecuentes. No quiere salir como antes y busca el contacto y el refugio de los padres, que, tras haber conversado con él, en principio, no han detectado que nada vaya mal. En la consulta, a solas con Juan, me cuenta que desde hace seis meses utiliza una plataforma de juegos *online* y desde hace unas semanas le salen unos anuncios muy raros con hombres y mujeres sin ropa. Cuando aparece esa publicidad, las opciones son «continuar» o «ver más tarde». Juan busca la *equis* porque sabe que eso significa cerrar, pero no consigue encontrarla. A una amiga del colegio le pasa lo mismo, pero ella dio a «continuar», y le pidieron que se quitara la ropa y se hiciera una foto desnuda. Juan tiene mucho miedo de que le pase algo así, y está preocupado por su amiga. Le explicamos que hay formas para ver qué pasó y entidades que pueden ayudarle. Hablo con la familia y los animo a denunciar al Canal Prioritario de la Agencia Española de Protección de Datos. Por otro lado, sugiero que Juan deje de utilizar dicha plataforma de juegos. Además, sería recomendable que avisaran a los padres de la amiga de Juan para que esté informada de lo ocurrido y de los pasos a seguir.

Muchas familias, aunque estén concienciadas de los problemas de las pantallas y realicen supervisión del uso que hacen sus hijos, encuentran dificultades a diario. Hay determinados contenidos que, al igual que en la vida real, deberían regularse por ley. La pornografía es uno de ellos. Parece increíble que en una plataforma de juegos pueda anunciarse este tipo de imágenes.

- **Caso 3**. Antonella tiene 15 años y acude a consulta para una segunda opinión. Hace un año le diagnosticaron un Trastorno de la Conducta Alimentaria (TCA). Tras abordar el tema junto con sus padres, tengo una entrevista a solas con la paciente. Hablamos de los «riesgos en la adolescencia». Le pregunto sobre el número de horas diarias de pantalla, para qué las usa, las aplicaciones que maneja, la información a la que tiene acceso, entre otras cuestiones. Antonella tiene 1500 perfiles a los que sigue en una red social, la mayoría de ellos relacionados con dietas, ejercicio o formas de perder peso, incluso sobre cómo autolesionarse y qué significado tiene. Le explico que la exposición a ese tipo de contenido en este momento en que la enfermedad está activa es contraproducente. Me autoriza para hablar del tema con sus padres. La última parte de la consulta con todos ellos explico qué son las *cookies* —aparte de 'galletas' en inglés—. Es la autorización que das en cada clic acerca del tratamiento de la información obtenida sobre ti. De esta manera pueden hacerte sugerencias de contenidos en motores de búsqueda, redes sociales, páginas web, etcétera. Por eso, la mayoría de lo que le aparecía a Antonella en su *smartphone* estaba relacionada con los síntomas de su trastorno. Ella buscaba información y las *cookies* permitían que dicha información apareciese continuamente. Era necesario borrar el historial de búsqueda y las *cookies* al menos una vez a la semana —algo que deberíamos hacer todos y que se puede programar—.

Hay efectos de las pantallas en la salud que se deben al diseño de las propias aplicaciones, de la publicidad o de otros patrones. Las empresas tecnológicas deberían estar obligadas a proteger la salud y el desarrollo desde el esquema inicial de sus productos.

Ante un problema complejo, las soluciones también lo son

Esperar a que la evidencia científica nos diga con exactitud qué hacer quizá sea esperar demasiado. Otra evidencia, lo que vemos en las familias, en los colegios, en los centros sanitarios o en los juzgados, pone de manifiesto que el problema es real y grave. Un ejemplo: si tu hijo tiene sed, ¿le darías gasolina para beber? La respuesta es un no rotundo. Sin embargo, posiblemente no haya evidencia científica acerca de que ingerir gasolina sea bueno o malo.

Entonces, ¿qué hacemos? Parece que abstenerse de actuar es lo menos adecuado. Yo, como pediatra que lleva trece años dedicada al tratamiento y al estudio del impacto de las pantallas sobre la salud, tengo clara mi prioridad. Es imprescindible que los mensajes trasladados —desde todos los sectores— sean coherentes. Entiendo que una familia que quiera encontrar información y hacer algo se sienta confundida. Los datos y las recomendaciones son dispares. Necesitamos un mensaje claro y común. La infancia y la adolescencia han de ser protegidas de los medios digitales, y todos como sociedad somos parte de la solución. En este tema deberían quedar al margen fines económicos o intereses partidistas. Sanidad, educación, los sistemas de protección a la infancia, las empresas tecnológicas, la publicidad, el periodismo, las familias y la sociedad en general tendrían que asumir su parte de responsabilidad y ponerse en marcha.

Lo cierto es que esa responsabilidad no puede recaer únicamente en el ámbito familiar. Como vimos en los casos tipo, cada vez más las familias conocen los riesgos y acompañan a sus hijos de forma activa. El problema es la disponibilidad, ya que cualquier persona puede acceder a cualquier tipo de contenido en cualquier actividad que realice en Internet. Claro que la familia tiene un papel relevante, solo faltaba, pero la infancia y la adolescencia son colectivos especialmente vulnerables y, como tales, necesitan una protección específica. Además, todas las familias en un momento determinado y por múltiples circunstancias pueden tener dificultades; quizá no saben o no tienen esa capacidad para acompañar y educar a los hijos en el uso de las pantallas.

Es necesario que un mensaje claro y contundente llegue a las familias. Los contenidos y conductas claramente lesivos para la infancia y la adolescencia deben estar regulados por ley.

CAPÍTULO III

El cerebro y las pantallas

CONTENIDO DEL CAPÍTULO

CASO CLÍNICO

El caso de Dylan

Dylan tiene dieciocho meses. En la consulta, sus padres me cuentan que empezó en septiembre la escuela infantil. Tras unas semanas, fueron informadas por las educadoras de que sería recomendable consultar a un pediatra, pues estaban preocupadas por el desarrollo neurológico y el comportamiento del niño.

En la escuela infantil Dylan está sentado, pero carece de interés por el entorno, por los adultos, por los compañeros o los juegos que le proponen. Dylan es el cuarto de cuatro hijos y, antes de ir a la escuela, estaba con su madre y sus hermanos en casa. Cuando tenía seis meses e intentaban que jugase tumbado en el suelo, el niño lloraba y solo se calmaba si lo sentaban. No gateó, no anda y se desplaza «arrastrando el culo». Emite sonidos, pero no dice palabras que se entiendan, y tiene dificultades para la manipulación.

Al preguntar por los antecedentes de padres y hermanos, no parece haber nada reseñable.

En casa hay varias televisiones, teléfonos inteligentes y tabletas. Dylan pasa largos periodos de tiempo viendo vídeos él solo; suelen dejar la televisión encendida «para sentirse acompañados».

Explico a los padres de Dylan que las pantallas interfieren en las conexiones del cerebro y que el riesgo de problemas aumenta cuando los pequeños están solos frente a ellas y/o hay «ruido de fondo».

Los padres, preocupados, se preguntan por qué nadie les había explicado esto. El tratamiento es retirar las pantallas y favorecer aquellos estímulos que ayudan al desarrollo cerebral a esta edad. Algunos ejemplos son: jugar en el suelo, perseguirse a gatas, leer cuentos juntos en voz alta, hacer torres, entrar en contacto con la naturaleza, ir al parque, fomentar la relación con otros niños de su edad...

Vuelven a los cuatro meses para revisar el desarrollo de Dylan. El cambio es espectacular. Ahora el pequeño gatea, anda, corre, sube y baja escaleras en cuadrupedia, manipula, utiliza dos palabras con sentido y las educadoras de la escuela infantil afirman que se relaciona sin problemas.

Las pantallas interfieren en el desarrollo cerebral normal. Las alteraciones del neurodesarrollo son motivo de consulta frecuente en pediatría y, en los últimos años, la tendencia va en aumento. Si la causa de los problemas en el neurodesarrollo son las pantallas, cuando se retiran los medios digitales este experimenta una mejora. El problema es que desconocemos cuál habría sido el desarrollo de Dylan si no hubiese estado tan expuesto a ellas. La ciencia ignora si las alteraciones cerebrales son 100% reversibles.

En este capítulo explicaré cómo afectan las pantallas al desarrollo cerebral, por qué ocurre y qué podemos hacer para evitarlo.

Definición de neurodesarrollo

El *neurodesarrollo* hace referencia a los cambios cerebrales que se producen a lo largo de la infancia, la adolescencia y la etapa de adulto joven, puesto que el cerebro finaliza su maduración a una edad comprendida entre los 25 y los 30 años. El neurodesarrollo típico o habitual se produce siguiendo un orden concreto a una edad determinada, y permite la adquisición de múltiples funciones complejas y habilidades que son esenciales para la vida adulta.

El neurodesarrollo es continuo, y se suele dividir en etapas para mejorar la comprensión del proceso.

Algunos aspectos importantes del desarrollo cerebral

Más importante que el número de neuronas es la complejidad de las conexiones

En el pasado se pensaba que el cerebro tenía en torno a cien mil millones de neuronas, que son las células cerebrales encargadas de transmitir el impulso nervioso. Pero además, hay otro tipo de células, las células gliales, que se encargan de dar soporte y nutrir a las neuronas. Se creía que por cada neurona había diez células gliales. La técnica clásica para saber el número de células cerebrales era cortar un trozo de cerebro, teñirlo y contar las neuronas.

A partir del 2005, gracias a Suzana Herculano-Houzel, que desarrolló el fraccionador isotrópico junto a Roberto Lent, sabemos el número real de neuronas por unidad de espacio. Según las palabras textuales de Suzana, recogidas en una entrevista de la revista *Muy Interesante*, el fraccionador isotópico se define como:

> [...]una técnica que consiste en coger un cerebro, lo conviertes en una sopa de cerebro con los núcleos de las células intactos

dentro, lo remueves bien para que toda la sopa sea homogénea, coges una pequeña parte, cuentas cuántas células hay, y además usando determinadas tinciones puedes saber si esas células que cuentas son neuronas o no.

El fraccionador isotrópico permitió saber que hay aproximadamente 86 000 millones de neuronas en el cerebro adulto y aproximadamente el mismo número de células gliales.

Este descubrimiento supuso una revolución, pues permitió comprobar que el número de neuronas por unidad de espacio es muy diferente entre las especies. Es decir, el peso del cerebro o su tamaño no implican mayor o menor cantidad neuronas. El tamaño cerebral tampoco está relacionado con la inteligencia. Así, el peso medio del cerebro de un elefante está entre 4 y 5 kilos, y el de un humano ronda el kilo y medio. Sin embargo, hasta donde sabemos, el humano es más inteligente que el elefante. La diferencia entre las especies radica en el número absoluto de neuronas por unidad de superficie.

Si comparamos el cerebro humano con el de otros mamíferos, encontramos en él las siguientes ventajas:

1. La arquitectura cerebral se construye siguiendo la regla de la economía, es decir, mayor número de neuronas por unidad de superficie. Esto permite tener un cerebro con más capacidades, aunque sea más pequeño.

2. Entre los cerebros de los primates construidos económicamente, el cerebro humano es el más grande.

3. La densidad neuronal es especialmente llamativa en la corteza cerebral del humano. Esta parte tiene capacidades que solo se dan en la especie humana.

El número de neuronas marca la diferencia del cerebro humano, si lo comparamos con el del resto de los mamíferos. La densidad neuronal es especialmente llamativa en la corteza cerebral, el lugar donde residen funcionalidades específicas del humano, como la consciencia de su propio pensamiento, la organización o la planificación.

La importancia de las conexiones neuronales

Es en el momento del nacimiento cuando el ser humano cuenta con un mayor número de neuronas. La diferencia entre el cerebro de un bebé recién nacido y el de una persona adulta es la complejidad de las conexiones neuronales o sinapsis.

Según las investigaciones de Huttenlocher, la densidad sináptica en el cerebro del recién nacido es alta. Sin embargo, la complejidad de las conexiones es baja. El número máximo de conexiones neuronales se alcanza entre el primer y el segundo año de vida, y en este momento el número de sinapsis es aproximadamente un 50% superior a la media de un cerebro adulto. De los 2 a los 16 años la densidad sináptica disminuye. El número de neuronas y la densidad sináptica se mantienen más o menos constantes de los 16 a los 72 años, con una ligera disminución del número de conexiones a partir de los 74.

El número de conexiones neuronales varía hasta los 16 años porque a lo largo del neurodesarrollo los circuitos neuronales que son menos importantes para un individuo se cortan como si de cables eléctricos se tratase. Este hecho se conoce con el nombre de *poda neuronal,* y es uno de los fenómenos que favorece que el cerebro pueda ir cambiando y aprendiendo cosas nuevas.

La plasticidad neuronal

La plasticidad neuronal es la capacidad que tiene el cerebro de cambiar sus conexiones y estructura en función del entorno y el ambiente.

La plasticidad neuronal conlleva una serie de procesos —aumento de conexiones celulares o sinapsis, mielinización y poda neuronal—, aunque no se llevan a cabo con la misma intensidad a lo largo de la vida. La etapa con mayor plasticidad neuronal es la comprendida entre el nacimiento y los tres años de vida.

Aumento de las conexiones neuronales

El aumento de las conexiones neuronales favorece que el aprendizaje requiera menos tiempo. En la etapa adulta el número de conexiones neuronales es más o menos constante. La diferencia entre el aprendizaje en los primeros años de vida y en la etapa adulta es que en los primeros años se crean circuitos neuronales nuevos, sin embargo, aprender algo nuevo cuando somos adultos requiere potenciar esos circuitos en detrimento de otros y, por tanto, el proceso es más lento. Es la razón que explica por qué al adulto le cuesta más esfuerzo y más tiempo que a un niño pequeño aprender cosas nuevas.

La mielinización

La mielinización permite el recubrimiento de las conducciones nerviosas por medio de una sustancia llamada mielina, compuesta por proteínas y grasas, cuya principal función es que el impulso nervioso se transmita a mayor velocidad. La mielina recubre los axones, que son elongaciones de las neuronas gracias a las cuales unas células se comunican con otras. A lo largo de toda la infancia y la adolescencia se están produciendo procesos de mielinización en diferentes zonas cerebrales.

Un símil, para entender mejor para qué sirve la mielina, sería el de los cables eléctricos, que están recubiertos por una capa plástica que los aísla y mejora la conducción de la electricidad.

La poda sináptica

La poda sináptica es el proceso que elimina aquellas conexiones entre las neuronas que el individuo usa menos o no necesita. Se realiza teniendo en cuenta los estímulos que el cerebro en cuestión haya recibido y las uniones que son más importantes para esa persona concreta.

Este proceso de poda suele ocurrir tras un periodo de aumento de conexiones neuronales. Las etapas más importantes del «corte del cableado» se dan entre los 4 y los 5 años y durante la adolescencia.

La plasticidad neuronal engloba tres procesos: el aumento de las conexiones neuronales, la mielinización y la poda sináptica. Los periodos críticos, en los que existe una mayor plasticidad, son los primeros años de vida y la adolescencia. La capacidad de potenciar unos circuitos neuronales u otros se mantiene durante toda la vida y es la responsable del aprendizaje de cosas nuevas.

El neurodesarrollo en los seis primeros años de vida

Figura 1. Sinapsis y poda neuronal desde la gestación hasta los 6 años

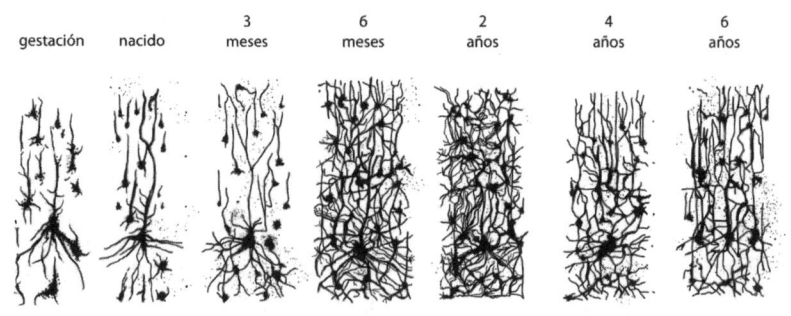

| gestación | nacido | 3 meses | 6 meses | 2 años | 4 años | 6 años |

FORMACIÓN DE CONEXIONES CELULARES   PODA NEURONAL

El cerebro de un recién nacido dispone de más neuronas que en cualquier otro periodo de la vida, pero estas neuronas tienen conexiones simples o carecen de ellas. Al nacer, las neuronas comienzan a recibir información a través de los sentidos. Los estímulos percibidos son los responsables de formar las sinapsis o conexiones entre estas células.

Las sinapsis son la forma que tienen las neuronas de transmitir la información de unas a otras. Las conexiones se generan en gran medida en los dos primeros años de vida, con una media de dos millones de sinapsis nuevas por segundo. Estas sinapsis que se forman ahora van a determinar el funcionamiento del cerebro en la vida adulta.

En función de la información y los estímulos que reciban las neuronas, las sinapsis se formarán de una u otra manera. Tras esta etapa de generación de conexiones a gran velocidad hay un proceso de poda neuronal.

Es importante señalar la interacción entre la genética y el ambiente, entendido este último como el conjunto de estímulos sensoriales. El cerebro está programado genéticamente para que se produzca «un aprendizaje importante» en un momento determinado, y para ello es imprescindible que en ese momento concreto el cerebro esté expuesto a los estímulos ambientales necesarios. Si el estímulo que sería preciso no está presente en el momento en que la genética está programada para incorporar un hito, el desarrollo se verá alterado.

La evolución de nuestro cerebro se produce siguiendo un orden concreto y en un tiempo determinado. Si un hito relevante no se desarrolla cuando está programado, puede no desarrollarse nunca o hacerlo «de manera defectuosa». Por ejemplo:

un bebé es capaz de sostener la cabeza a los tres meses de vida, y este hito tiene que ser anterior al gateo por una razón obvia: si el bebé no sostiene la cabeza tendría dificultades para divisar hacia dónde dirigirse y el desplazamiento sería inestable (recordemos que la cabeza en esta etapa de la vida supone aproximadamente un tercio de la superficie corporal total).

El *cableado* del cerebro en los primeros años de vida determina nuestras habilidades en la etapa adulta. Para que los hitos del desarrollo sucedan de forma correcta es necesario recibir los estímulos adecuados del ambiente en un momento determinado y en un orden concreto. Así está programado nuestro cerebro genéticamente. Si por cualquier circunstancia el desarrollo cerebral es diferente, su funcionamiento puede verse alterado.

Los estímulos necesarios para un adecuado desarrollo cerebral hasta los 6 años

La etapa desde el nacimiento hasta los 3 años de edad se caracteriza por un desarrollo cerebral rápido, y los objetivos fundamentales son:

- La psicomotricidad gruesa, que hace posible, por ejemplo: andar, correr, disponer de coordinación motora, subir escaleras, saltar, caminar de puntillas, entre otras.

- La psicomotricidad fina o manipulación, gracias a la cual es posible, por ejemplo: comer solo, hacer trazos en un papel, realizar construcciones, obtener la coordinación entre el ojo y la mano, etcétera.
- El inicio del lenguaje, con la adquisición del vocabulario: las primeras frases con diferente complejidad o la capacidad de nombrar cosas del entorno, como los colores.

En esta etapa es necesario el juego no estructurado —sin una finalidad de aprendizaje concreta—, como manipular objetos, experimentar los espacios al aire libre y la naturaleza, observar, copiar, correr, saltar, indagar...

Las interacciones personales con otros niños de la misma edad y sentir que es importante para sus cuidadores —padres, abuelos, educadores de la escuela infantil— resultan esenciales para que el niño, en esta fase, avance en el campo del lenguaje y la comprensión de las relaciones sociales. Todo lo anterior permite un adecuado desarrollo cerebral.

El neurodesarrollo de los 6 años hasta la adolescencia

La segunda infancia o etapa prepuberal va desde los 5 o 6 años hasta el principio de la pubertad, que viene marcada por el aumento del tamaño testicular en el niño y el inicio del desarrollo mamario en la niña.

Se caracteriza por ser, a nivel cerebral, una etapa de consolidación y transición. Se ralentizan todos los procesos biológicos, como el crecimiento. En cuanto al neurodesarrollo, se producen nuevas sinapsis y aumentan las vainas de mielina, pero lentamente si lo comparamos con la etapa anterior y posterior.

La principal función de esta etapa es interaccionar con el mundo y establecer nuevas relaciones sociales fuera del entorno familiar. Se sigue desarrollando el lenguaje, así como continúa el perfeccionamiento de las habilidades motoras. Por otro lado, se inicia el pensamiento abstracto.

Podemos decir que esta fase supone una tregua para los padres entre dos etapas de alta demanda: los primeros años de vida y la adolescencia.

El neurodesarrollo en el adolescente y el adulto joven

Si conoces el desarrollo durante la adolescencia, podrás entender por qué en esta edad el cerebro se comporta de un modo emocional e impulsivo. Durante esta fase, el neurodesarrollo adecuado es fundamental, y las alteraciones que se produzcan en él pueden favorecer el inicio de enfermedades mentales y generar dificultades en la conducta del individuo. Entre los acontecimientos más destacados para el neurodesarrollo en la adolescencia se cuentan dos: el fin de la maduración del sistema límbico y el desarrollo progresivo de la corteza cerebral. La maduración de la corteza cerebral finaliza en la corteza prefrontal, que está localizada en la parte del cerebro que se sitúa bajo la frente y es la encargada de realizar funciones propias del ser humano.

La maduración del sistema límbico culmina aproximadamente a los 12 años. El sistema límbico es una estructura que se encuentra debajo de la corteza cerebral, y algunas de sus funciones son las siguientes: generar emociones primitivas, como el miedo y el enfado; regular las necesidades primarias, como el hambre, o hacer surgir la motivación para llevar a cabo acciones como aprender o recordar.

La corteza cerebral alcanza su máxima complejidad en el ser humano; su maduración progresiva permite la adquisición de capacidades únicas en el reino animal. La corteza cerebral madura desde la región occipital a la zona frontal, es decir, de la parte posterior a la anterior. Debido a que la región prefrontal se encarga de las funciones ejecutivas superiores, que son las más complejas a nivel cerebral, se necesita más tiempo para finalizar su desarrollo. Las funciones ejecutivas son importantes para la autorregulación, el aprendizaje, el rendimiento académico y la salud mental.

Como ocurre en la primera infancia, hay una etapa inicial en la que el número de conexiones neuronales experimenta un incremento, fase a la que sigue el proceso de la poda neuronal o selección de los circuitos cerebrales. La corteza prefrontal termina de evolucionar a una edad comprendida entre los 25 y los 30 años. Entre las funciones ejecutivas se encuentran las siguientes: la regulación de la conducta, la planificación y la organización, la regulación emocional, la motivación para iniciar las tareas, la memoria de trabajo o inmediata, la toma de decisiones, la gestión de las tareas o la supervisión de uno mismo.

El neurodesarrollo en la adolescencia es el motivo principal por el cual en esta etapa hay dificultades para tomar decisiones o autorregularse. El diseño de los medios digitales está pensado para que pasemos el mayor tiempo posible en ellos. Si para un adulto es complejo un uso racional, para un cerebro en desarrollo con dificultades en las funciones ejecutivas es, si no imposible, sí tremendamente complicado.

En la adolescencia, uno de los retos de la maduración cortical es generar conexiones neuronales entre el sistema límbico —y otros lugares de la corteza cerebral— y la corteza prefrontal. Estas sinapsis permitirán que, una vez finalizado ese proceso de evolución, exista una adecuada gestión de las funciones cerebrales y de la conducta del individuo.

El neurodesarrollo del sistema límbico finaliza en torno a los 12 años. Sin embargo, el de la corteza cerebral se prolonga hasta los 30. Esta situación explica uno de los factores de la conducta impulsiva y emocional en la adolescencia. El cerebro en esta etapa de la vida es como una caldera en la que bullen todas las funcionalidades —el sistema límbico— que carece de un botón para regular la intensidad —la corteza prefrontal—.

Interferencia de las pantallas en el funcionamiento cerebral

La adquisición de las capacidades y su perfeccionamiento dependen en gran medida del ambiente, de los estímulos recibidos según las necesidades en cada etapa y de las oportunidades que se le ofrezcan al individuo de interaccionar con el mundo. Por tanto, favorecer un ambiente adecuado con los estímulos que el cerebro precisa dependiendo de la fase en que se encuentre permitirá que cada persona llegue a su máximo potencial genético.

El coste de oportunidad y el efecto desplazamiento

El coste de oportunidad es aquello a lo que se renuncia o aquello que se pierde cuando nos decantamos por una opción entre varias. A nivel cerebral es tan importante lo que se hace frente a la pantalla como lo que se deja de hacer durante el tiempo que empleamos en ella. Las pantallas consiguen que la persona que permanece atenta a ellas pierda el contacto con el entorno circundante —y, por tanto, los sentidos reciben solo los estímulos que el aparato que estamos manejando es capaz de generar— y desplazan al «mundo real» y a las relaciones humanas cara a cara.

La estimulación neurosensorial de las pantallas se considera «pobre». Durante el tiempo que pasamos ante ellas abandonamos otras actividades esenciales para el ser humano, como la relación con el entorno. Veamos un ejemplo. El estímulo de la pantalla para un niño menor de dos años es bidimensional, el dedo se desliza sobre la superficie de aquella, lo que ocasiona, por un lado, que las actividades que son importantes en esta fase, como hacer torres o llevarse la mano a la boca, queden desplazadas, y por otro, que el niño se mantenga ocupado en una actividad que genera incentivos innecesarios en esta edad. Recordemos que los estímulos recibidos son los responsables de las conexiones neuronales en el cerebro y, si son «ricos», habrá más sinapsis interesantes para el desarrollo en cada periodo.

Las etapas cruciales del desarrollo cerebral son los seis primeros años de la vida y la adolescencia. Si durante ese intervalo tan importante el cerebro «pierde tiempo» frente a las pantallas y los estímulos recibidos son pobres, el desarrollo cerebral será distinto del que experimentaría en ausencia de ellas, y esto dificulta la funcionalidad en la edad adulta.

El cerebro tiene un tiempo y un orden establecido para alcanzar cada destreza. Por el momento sabemos que, si retiramos las pantallas por completo, el neurodesarrollo mejora, pero desconocemos si llega a todo su potencial genético. Será complicado responder a la pregunta de si el daño generado es reversible, porque sabemos cómo evoluciona el cerebro pero desconocemos cuál es ese potencial genético en cada persona.

Las pantallas generan un coste de oportunidad para el cerebro, porque desplazan a los estímulos que son necesarios para el adecuado desarrollo de las sinapsis, que se da hasta los 25 años. ¿Qué ocurre si, una vez afectado el cerebro, se evita la exposición a los medios digitales? La ciencia desconoce si el daño generado por tal exposición es 100% reversible o no.

Situaciones que aumentan el riesgo de las pantallas

Estar solo frente a la pantalla

El proceso de aprendizaje por imitación de lo que hace otra persona, sobre todo si la interacción tiene lugar con alguien que resulta importante para el niño, es completamente distinto al que se da frente a la pantalla, que, además, se reduce a la mitad.

Esta reducción se debe a que el estímulo que se recibe cuando se está solo frente a una pantalla es insignificante comparado con la interacción en el mundo «real». Frente a las pantallas el niño está en un contexto sin intercambio social cara a cara, con imposibilidad de aprender por imitación y con una disminución significativa de los estímulos que llegan a través de los sentidos. Durante este tiempo el cerebro recibe un único estilo de interacción y de aprendizaje, basado en el contacto con una superficie plana, lisa y en dos dimensiones. En esta relación se pierden datos tan importantes como la textura, el olor, el sabor, la reacción del otro, los gestos, el juego libre, etcétera.

Hay nueve veces más probabilidades de que un niño abuse de las pantallas si las ve él solo que si las ve con un adulto.

El ruido de fondo

Aunque creamos que carecen de efecto sobre el cerebro, los medios digitales que permanecen encendidos cuando no se utilizan provocan interferencias en la atención. Esta situación seguramente te resultará familiar: estás trabajando en algo importante que requiere concentración, y alguien enciende la televisión, en ese momento pierdes el hilo de lo que estás haciendo e incluso puedes sobresaltarte. Esta circunstancia se da porque la memoria a corto plazo, que es la que te permite mantenerte atento a una tarea concreta, disminuye con el ruido de fondo.

La exposición a pantallas hasta los 2 años, aunque sea en esta modalidad de ruido de fondo, se ha relacionado con retrasos en la adquisición del lenguaje, complicaciones en la comunicación verbal y en las habilidades sociales, menor capacidad intelectual y dificultades en la atención sostenida cuando los niños crecen.

En concreto, en menores de cinco años la televisión de fondo afecta negativamente al uso y la asimilación del lenguaje. Además, interfiere en las funciones ejecutivas, de manera especial en la atención, la memoria de trabajo y el control de los impulsos.

Repercusiones de las pantallas en el desarrollo cerebral

Las pantallas afectan al neurodesarrollo de forma directa tanto si es el niño el que las utiliza como si son los padres los que hacen uso de ellas cuando están presentes sus hijos.

Hasta los 6 años

Efectos del uso de las pantallas que hacen los niños

La etapa que va desde el nacimiento hasta los tres años, como se explicó anteriormente, se caracteriza por la adquisición de la psicomotricidad gruesa, la psicomotricidad fina y el desarrollo del lenguaje.

El desarrollo del lenguaje precisa de la interacción humana, del oído y de todo lo relacionado con la emisión y articulación de las palabras. Las pantallas interfieren y retrasan el desarrollo del lenguaje, y este impacto puede agravarse debido a diferentes factores: la edad de inicio del acceso a pantallas, el tiempo de uso, los contenidos, y si se utilizan en soledad o en compañía de un adulto. Es diferente si este interacciona de forma activa, por ejemplo, cantando o gesticulando, que si se encuentra un adulto presente pero no hace nada.

En niños de 2 años el uso de pantallas se ha relacionado con: alteraciones en el lenguaje, dificultades en las relaciones interpersonales y una disminución de la capacidad de interactuar en el juego y en momentos de ocio. Como es lógico, estos riesgos aumentan si se incrementa el tiempo de exposición a la pantalla.

Los efectos de la exposición a las pantallas a los 2 años también se relacionan con algunas repercusiones observadas a los 4, como la dificultad para la comunicación y la socialización. A mayor tiempo de uso de los medios digitales, menor competencia social e implicación de los padres en el uso de pantalla por parte de sus hijos.

Las repercusiones estudiadas a los 3 años se concretan en los siguientes problemas: a mayor tiempo de pantalla, aumenta la probabilidad de que aparezcan alteraciones de conducta, se retrasen los hitos de la evolución psicomotora del niño, surjan dificultades para el aprendizaje y se presenten trastornos del lenguaje.

El uso temprano de pantallas se asoció con una menor dedicación de tiempo a la lectura, y este hecho, a su vez, determinó un mayor uso de pantallas en edades posteriores.

Los resultados de algunos estudios afirman que las pantallas pueden mejorar el desarrollo del lenguaje. Sin embargo, al analizar estas investigaciones con detenimiento, se aprecia la existencia de sesgos, entre otros, el derivado de que se realicen en entornos controlados, no reales.

Estos entornos controlados se refieren a las siguientes cuestiones:

- El tiempo de exposición a pantallas es corto.
- Existe una finalidad concreta, como leer un cuento o cantar una canción.
- El adulto está presente e interviene de forma activa.
- Los participantes tienen más de 3 años.

Considero importante resaltar que —está demostrado— leer libros en voz alta o cantar a los niños mejora el lenguaje. Hay pocos estudios que valoren el formato en sí mismo, es decir, que arrojen datos sobre cómo es el aprendizaje del lenguaje si un mismo cuento se lee al niño en papel o en formato digital.

En la mayoría de las publicaciones se compara el aprendizaje del niño cuando está solo frente a la pantalla con el aprendizaje del lenguaje si un adulto lee para él de forma activa un cuento en formato digital. Por tanto, lo que se está midiendo en esa clase de estudios no es si la pantalla mejora el aprendizaje del lenguaje, sino qué influencia tiene la interacción con un adulto. En definitiva, estas investigaciones demuestran la importancia de cantar o leer al pequeño y las implicaciones en el desarrollo del lenguaje.

Efectos sobre el neurodesarrollo en los hijos del uso de pantalla por parte de los padres

El tiempo que los adultos permanecen atentos a una pantalla cuando están con sus hijos también ocasiona un coste de oportunidad, porque disminuye el tiempo de interacción entre padres e hijos. Existen estudios que demuestran que ese intervalo de exposición a las pantallas de las madres en los momentos de crianza influye de forma directa en la evolución del lenguaje de los niños: cuanto más tiempo pasan ellas frente a soportes digitales, mayor es el retraso en el dominio del lenguaje de sus hijos.

Cambios en la macroestructura y microestructura cerebral

A nivel neurobiológico, hay estudios que demuestran cambios en la actividad eléctrica y en la estructura cerebral.

Los lactantes expuestos a pantallas a los 12 meses evidencian una conducción eléctrica cerebral que depende del tiempo de contacto con esos medios digitales. A mayor tiempo de exposición, es mayor el grado de afectación. En las regiones frontales centrales y parietales se detecta una abundancia de un tipo particular de ondas: las llamadas *ondas theta*, y un mayor gradiente theta/beta. Y ello parece producir, en etapas posteriores, alteraciones en la función ejecutiva, cuyo centro se sitúa en la corteza cerebral prefrontal.

Los resultados a partir de análisis con resonancias magnéticas cerebrales nos indican que un mayor uso de pantallas en niños de 3 a 5 años se relaciona con un menor número de conexiones neuronales en áreas del cerebro vinculadas al lenguaje.

Efectos de las pantallas sobre el TDAH y el TEA

Los tres primeros años de vida son especialmente delicados en el neurodesarrollo porque durante esta etapa las cosas van muy rápidas. Además, el cerebro necesita poner en marcha múltiples destrezas y capacidades que serán importantes en fases posteriores y en la vida adulta. La exposición a pantallas durante este periodo puede desencadenar comportamientos similares a los propios del los Trastornos del Espectro Autista (TEA) y el Trastorno por Déficit de Atención e Hiperactividad (TDAH). Los síntomas parecidos a los de TEA y TDAH son más frecuentes en la edad preescolar y en el sexo masculino.

En los TEA, la etiología es desconocida, pero se ha relacionado con factores genéticos y se sabe que también puede influir el ambiente. En un estudio que se realizó en Japón se observó que los varones que usan pantallas al año de vida tienen mayor propensión a desarrollar comportamientos TEA a los 3 años. El riesgo aumenta con un mayor tiempo de exposición a los medios digitales.

Otro estudio realizado en China concluyó que los menores de 3 años expuestos a las pantallas tenían un riesgo 1,9 veces mayor de desarrollar comportamientos TEA que los que no permanecieron en contacto con ellas. El tiempo excesivo frente a soportes digitales en los primeros años se asoció con alteraciones en el desarrollo cognitivo, social y emocional.

Por último, en la población canadiense se observó que un exceso de pantallas en edad preescolar multiplicaba por seis el riesgo de aparición de dificultades en la atención durante la etapa escolar, y por siete el peligro de desarrollar un TDAH.

La exposición a pantallas en menores de 3 años aumenta el riesgo de síntomas TDAH y TEA. El peligro crece si el contacto con los medios digitales se realiza durante más tiempo y comienza a edades más tempranas.

Los grandes prematuros, otra población de riesgo

En grandes prematuros, que son aquellos bebés nacidos con menos de 28 semanas de edad gestacional, la exposición a pantallas se ha asociado con menor Coeficiente Intelectual Total (CIT) y déficits en las funciones ejecutivas entre los 6 y los 7 años.

Los factores que protegen el neurodesarrollo en los menores de 6 años

Los factores protectores son todas aquellas situaciones, circunstancias o medidas que pueden disminuir el riesgo de contraer cierta enfermedad o alteración. Algunos ejemplos de factores protectores del neurodesarrollo son: realizar actividad física de forma regular; seguir una dieta adecuada en función de la edad; mantener la lactancia materna; dormir el tiempo necesario en cada etapa o recibir los estímulos adecuados, como leer un cuento en papel en voz alta.

Las recomendaciones para disminuir el riesgo de la exposición a las pantallas en los menores de seis años son:

- Evitar la exposición a pantallas desde el nacimiento hasta los 6 años. Desconocemos por el momento si hay una cantidad de tiempo segura.

- Retrasar el inicio de la exposición a pantallas lo máximo posible.

- Evitar el ruido de fondo.

- Acompañar al niño de forma activa y filtrar el contenido si, a pesar de que no es recomendable, visualiza medios digitales.

- Favorecer los estímulos que generan conexiones neuronales interesantes para esta edad; por ejemplo, el contacto con la naturaleza, ir al parque, el juego libre, la interacción con sus principales cuidadores y con niños de su edad.

En la adolescencia

En esta etapa, los efectos en el desarrollo cerebral del uso de pantallas no están tan estudiados porque hay menos investigaciones. Si comparamos la cantidad de datos disponibles sobre el impacto de las pantallas en el neurodesarrollo en los primeros seis años de vida con lo que sabemos de la adolescencia, podríamos afirmar que la influencia en el desarrollo cerebral del adolescente es prácticamente desconocido.

En los próximos meses es probable que esta situación cambie, pues se espera la aparición de los datos del ABCD Study y la realización de ensayos clínicos que analizan los efectos de la desconexión digital.

Los medios digitales interfieren a esta edad de dos formas:

1. El cerebro, al estar expuesto a sistemas de gratificación inmediata, sufre un aumento de la activación en la región límbica. Recordemos que esta zona cerebral ya está de por sí activa en la adolescencia.
2. Los estímulos adecuados en esta edad quedan desplazados. Esta situación es responsable de una disminución de la actividad en la región frontal.

Si continuamos con el ejemplo de la caldera antes mencionado, sería una máquina a máxima temperatura sin ningún tipo de control. La conducta emocional e impulsiva típica de la adolescencia puede aumentar si se usan las pantallas, debido a ese incremento de actividad en la región límbica y a la disminución de la actividad en la región prefrontal.

Recordemos que el establecimiento de sinapsis entre distintas partes del cerebro y la región prefrontal es un proceso importante porque puede determinar la salud mental y la conducta del individuo en la etapa adulta. Para generar dichas conexiones, un ejemplo de estímulos adecuados serían: el aprendizaje continuo, que suponga nuevos retos; el contacto social con otros adolescentes; el sentirse aceptado y querido por el entorno cercano.

El cerebro, que en esta etapa es una máquina perfectamente diseñada para adquirir nuevos conocimientos de cierta complejidad, necesita el contacto social fuera del entorno familiar.

La multitarea relacionada con las pantallas se asocia con peores resultados cognitivos, una disminución de la capacidad de filtrar las distracciones, un aumento de la impulsividad y un decrecimiento de la memoria de trabajo. Los adolescentes que pasan demasiado tiempo frente a una pantalla tienen más probabilidades de presentar dificultades cognitivas graves.

En una de las investigaciones ABCD, que hace un seguimiento de la población de estudio durante dos años, la resonancia magnética cerebral ha detectado la relación causal entre el uso de pantallas y la lectura en la adolescencia temprana. Tanto las puntuaciones en la interpretación de los mensajes verbales como la velocidad y la calidad de la lectura en voz alta se vieron afectadas significativamente en quienes veían programas de televisión o series.

Los factores que protegen el neurodesarrollo en la adolescencia

Al tener un menor conocimiento de los efectos de las pantallas en el neurodesarrollo del adolescente, es lógico que se conozcan solo parcialmente los factores protectores.

Las recomendaciones en esta edad son:
- Retrasar el uso de pantallas lo máximo posible.
- Especial cuidado con las pantallas que se pueden trasladar de un lugar a otro fácilmente, como teléfonos inteligentes o tabletas.

- Si se usan pantallas, dar prioridad a las que sean fijas, como la televisión o los ordenadores de sobremesa, y usar programas de control parental.

- Los programas de control parental ayudan, pero no sustituyen la supervisión directa de los padres.

- Revisar los dispositivos con los hijos con periodicidad; por ejemplo, una vez a la semana.

- Es recomendable que las pantallas estén situadas en lugares de la casa a los que todos los miembros de la familia acceden habitualmente, y evitar su uso en los baños y en el dormitorio.

- Antes de entregar un dispositivo a nuestros hijos hay que hablar con ellos de los efectos de las pantallas sobre su neurodesarrollo y su salud. Además, es aconsejable explicar los riesgos a los que pueden enfrentarse y cómo y a quién pedir ayuda si piensan que están ante una dificultad.

Repercusiones en el cerebro adulto

La plasticidad neuronal tiene lugar a lo largo de la vida. Una de las diferencias del cerebro del adulto con el que aún está en desarrollo es que en el primero no se produce un aumento de la cantidad de circuitos neuronales con la adquisición de un nuevo aprendizaje. Cuando un adulto asimila una destreza o conocimiento que antes no poseía, el órgano prioriza las conexiones hacia lo nuevo y de algún modo desconecta otros circuitos que ya no sean tan útiles para esa persona.

El «efecto desplazamiento» en la etapa adulta

Está demostrado que los hábitos de vida saludable como la alimentación, el ejercicio físico, el sueño y la interacción social cara a cara, junto con la estimulación cognitiva relacionada con nuevos retos intelectuales, disminuyen los efectos del envejecimiento en general y del neuronal en sentido específico.

Al igual que en etapas previas de la vida, las pantallas generan un «efecto desplazamiento». El tiempo que dedicamos a ellas se lo restamos a esos estímulos que nuestro cerebro necesita para no deteriorarse.

Los estudios llevados a cabo hasta la fecha han demostrado que el tiempo frente a la televisión y el ordenador en la etapa adulta es un factor de riesgo en sí mismo para la aparición de demencia. Si además se tienen antecedentes familiares de esta patología, el peligro de usar pantallas aumenta todavía más el de padecer este tipo de trastornos.

Mayor riesgo de demencia

La evidencia hasta la fecha demuestra que la estimulación sensorial crónica que genera la exposición a pantallas afecta al desarrollo cerebral, aumentando el riesgo de trastornos cognitivos, emocionales y conductuales en adolescentes y adultos jóvenes.

Algunas de las consecuencias observadas en la adolescencia son síntomas similares a los del Deterioro Cognitivo Leve (DCL) que se detecta en los adultos.

El DCL se considerada una etapa inicial de la demencia. Algunos de sus rasgos característicos son la dificultad para concentrarse y orientarse, para adquirir nuevos recuerdos —lo que se denomina amnesia anterógrada—, para recordar hechos pasados —amnesia retrógrada—, mantener las relaciones sociales o autocuidarse.

El efecto de desplazamiento de las pantallas en la adolescencia produce una alteración en los volúmenes cerebrales, aumenta el riesgo de afectar a la salud mental y modifica la adquisición de recuerdos y el aprendizaje, factores de riesgo para la demencia. Por otro lado, la sobreestimulación sensorial crónica durante el desarrollo cerebral potencia el peligro de neurodegeneración acelerada en la fase adulta. Es decir, aparecen síntomas de DCL en edades tempranas.

Se estima que entre el año 2060 y el 2100 las tasas de enfermedad de Alzheimer y demencias relacionadas aumentarán de forma significativa. Según los cálculos de los Centros para el Control y Prevención de Enfermedades en Estados Unidos (CDC por sus siglas en inglés: Centers for Disease Control and Prevention), la demencia se verá incrementada al doble si se toma como referencia las tasas actuales.

Las estimaciones de los CDC se basan en factores relacionados con la edad, el sexo y la etnia de las personas nacidas antes de 1950 que no tuvieron acceso a los medios digitales durante los periodos críticos del desarrollo cerebral. En la actualidad, los jóvenes entre los 17 y los 19 años pasan una media de seis horas al día entre pantallas. Si se tienen en cuenta, además de este elemento, los factores estimados por los CDC, las personas nacidas después de 1980, es decir, los *millennials* y la denominada *generación Z*, que serán la mayoría de las personas de 65 años, sufrirán a partir de 2060 unas tasas de demencia entre cuatro y seis veces superiores a las actuales.

Esta situación presumiblemente generará un problema social, económico y de colapso en el sistema sanitario de los países. Se deberían implementar medidas preventivas de salud pública, educativas, políticas, sociales, legislativas, además de reforzar los sistemas sanitarios.

La importancia del tiempo de pantalla y el contenido que se visualiza

El uso moderado del ordenador con un objetivo de aprendizaje, laboral o de estimulación cognitiva puede estar relacionado con un menor riesgo de demencia, enfermedad de Parkinson o depresión. Sin embargo, si las horas frente al ordenador aumentan, ese peligro, lógicamente, crece. Respecto a la televisión, el tiempo de pantalla se asocia con un mayor riesgo de estas enfermedades por la afectación de distintas estructuras cerebrales.

El ejercicio físico diario disminuye el riesgo que se deriva del contacto con pantallas para el desarrollo de la demencia, la enfermedad de Parkinson y la depresión.

CAPÍTULO IV

El desarrollo psicoafectivo

CONTENIDO DEL CAPÍTULO

CASO CLÍNICO

Margot acaba de cumplir un mes y medio. Viene a consulta con sus madres, Luisa y Lucinda. El motivo es un llanto intenso durante la mayor parte del día desde hace dos semanas. Ayer Luisa llevó a Margot a Urgencias, alertada por la situación, y hoy traen el informe que relata que no se aprecia nada anormal. Recomiendan que la pequeña vaya a su pediatra para hacer seguimiento y acudir de nuevo a Urgencias si empeora.

El llanto se consuela en brazos a veces, pero Luisa y Lucinda describen cómo cada día va en aumento: empieza a ser difícil que Margot se tranquilice si no usan vídeos cortos de canciones infantiles. Luisa y Lucinda son profesionales autónomas y tienen un negocio familiar; ambas han tenido que incorporarse parcialmente al trabajo. Durante las horas en las que ellas no pueden estar con su hija, Margot es cuidada por una persona de confianza de la familia que se llama Selena. Selena es amorosa con la niña, le da los biberones en la hamaca, porque si intenta cogerla en brazos aumenta el llanto de Margot. Lo único que consigue calmarla son esos vídeos cortos.

Los bebés notan los cambios. En los primeros meses de vida su lenguaje es el llanto o las alteraciones en los ritmos de sueño, la comida o las deposiciones. Probablemente Margot esté notando la ausencia de sus madres y la presencia de Selena. Los vídeos la calman en el momento, pero no solucionan lo que está ocurriendo, y cada vez pasa más tiempo frente a la pantalla, desconectada de sí misma y de su entorno. El llanto de Margot preocupa enormemente a sus madres, que tienen que turnarse por la noche porque están muy cansadas.

La recomendación es la limitación del uso de los medios digitales como herramienta para calmar a Margot. La niña necesita en estos momentos aumentar el tiempo que pasa con sus principales cuidadoras. Es importante que le hablen, que den paseos con ella, que sea porteada y cogida en brazos todo el tiempo que resulte posible. A la hora de dar el biberón, que sea en brazos, mirándola a los ojos, y que haya contacto piel con piel. A Luisa y Lucinda les sugiero que pidan ayuda a su entorno para descansar.

Las cito en una semana para ver cómo evoluciona la familia. En la siguiente consulta Margot llora menos y se calma en brazos. Luisa y Lucinda están algo más tranquilas y el porteo les facilita la vida.

Definición

El desarrollo emocional o afectivo se refiere al proceso por el cual el niño construye su yo, aprende a quererse y tener confianza en sí mismo, se siente seguro de lo que hace y cree en el mundo que le rodea. Para conseguirlo es necesario el amor, la disponibilidad y la comprensión de las personas encargadas de su cuidado —el papel relevante recae en los padres—, factores que le permitan sentir que es una persona única y distinta a los demás. El niño precisa saber y sentir que es amado incondicionalmente, pase lo que pase, por el mero hecho de existir, sin necesidad de cumplir las expectativas de nadie.

Este proceso permitirá que al llegar a la etapa adulta la persona pueda distinguir las emociones, identificarlas, manejarlas, expresarlas y gestionarlas.

Etapas en el desarrollo psicoafectivo

Del nacimiento a los 18 meses

El bebé recién nacido tiene un cerebro con sinapsis simples y escasas. Los estímulos externos e internos llegan a sus neuronas, pero el cerebro carece de las herramientas adecuadas para entender y cubrir sus propias necesidades. En esta etapa son completamente dependientes de sus cuidadores, sobre todo de la madre, tanto para dar respuesta a lo que precisan desde un punto de vista físico como en un plano emocional. El cerebro en este momento está aún desorganizado e incapacitado para pensar.

Los cuidadores principales establecen día a día una relación con su hijo que les permitirá ir conociendo e interpretando las señales de su bebé. Los padres actúan a modo de traductor de las necesidades, los pensamientos y el lenguaje de su hijo. La presencia continuada de los padres y su disponibilidad tiene una función importante para que en los primeros meses de vida conozcan a su hijo y a la inversa. A su vez, esta situación es recomendable para la adecuada formación de las conexiones entre las neuronas.

El bebé tiene un lenguajes verbal y no verbal básico que se manifiesta a través del llanto, la calma, la irritabilidad y, más adelante, la sonrisa o la mirada. En esta etapa es importante que los cuidadores pasen tiempo con él, para ir conociendo cómo se expresa y poder así cubrir sus requerimientos físicos y emocionales. El bebé considera a sus padres como una parte más de sí mismo. Ellos saben que todo va bien si el pequeño está tranquilo y va madurando en el sueño y en las tomas. A lo largo de esta fase pueden aparecer problemas tanto a nivel físico como emocional, capaces de alterar los ritmos normales.

A medida que el bebé crece y se producen las sinapsis de mayor complejidad, empieza a estar capacitado para tener una mayor autonomía, y comienza a pensar por sí solo.

Aproximadamente al octavo mes de vida, tu hijo es capaz de ir diferenciando a sus principales cuidadores —o figuras de apego— de otras personas que no le dan tanta seguridad. En esta etapa es normal que los niños lloren cuando sus padres se alejan y que les cueste aceptar a otras personas. Poco a poco se produce un desarrollo cada vez más elaborado en el pensamiento del pequeño.

La posibilidad de desplazamiento, tanto el gateo como los primeros pasos, y el lenguaje son dos objetivos fundamentales del neurodesarrollo, que permiten que el niño adquiera una mayor autonomía. A partir de este momento irá ganando poco a poco capacidad para pedir lo que quiere y para trasladarse de un sitio a otro sin que un adulto interprete lo que está pensando. Esta situación genera que el bebé se convierta en un explorador del mundo que le rodea. La respuesta que los padres —miedo, seguridad, cansancio— tengan ante la curiosidad de su hijo, le animará a indagar con más o menos confianza.

Al final de este periodo el cerebro está preparado para tener unos horarios regulares de sueño y comidas. Hay un intervalo de sueño nocturno prolongado y otros más breves de siestas o sueño diurno. La alimentación pasa de líquidos o semisólidos a ser parcialmente sólida, y el niño come con mayor autonomía. El proceso de desarrollo no está exento de dificultades. Los principales signos de alarma vienen dados precisamente por un aumento del llanto y alteraciones de los hitos del desarrollo, es decir, dificultades en el ritmo sueño-vigilia, en la alimentación, en el lenguaje, en la capacidad motora y en cómo se relaciona con el entorno.

En los primeros meses del bebé, los padres son los encargados de traducir las señales para cubrir las necesidades físicas y emocionales de su hijo. En esta etapa el cerebro del pequeño es inmaduro y no puede pensar ni interpretar. Aproximadamente a partir de los ocho meses el bebé es capaz de diferenciar a sus cuidadores de otras personas, y suele manifestar su malestar si aquellos se alejan. Más adelante tu hijo empezará con las primeras palabras y el gateo, lo que se traduce en mayor autonomía, al poder pedir las cosas y desplazarse adonde desea sin necesidad de que un adulto traduzca sus preferencias.

De los 18 meses a los 3 años

Es un periodo de avances importantes hacía la autonomía, en la conducta y en la actitud del niño. En esta etapa, en la mayoría de los casos se consigue el control diurno de la orina y las heces. Aparece el juego en el que imitan cosas que vivieron o vieron, una modalidad que se denomina *juego simbólico* y es imprescindible para que el desarrollo sea adecuado. Otra característica de esta fase es la necesidad de hacer las cosas solos y la aparición de los primeros límites ante esa necesidad del bebé de explorar todo lo que está a su alcance en cualquier momento.

Cada reto que salga bien será un paso más hacia la autonomía. Cada paso que salga mal o tenga un resultado diferente al previsto por el niño, o, simplemente, cada situación en la que aparezca la palabra «no», le generará frustración. El acompañamiento que hagan los padres en estas circunstancias permitirá al bebé vivir esa desilusión como algo normal y aprender a sobrellevar estos momentos de intensidad emocional. Esta fase es agotadora para los padres a nivel emocional y físico, pero su acompañamiento es esencial para el pequeño.

Al final de esta etapa ya no se necesita la presencia permanente de los padres: los niños empiezan a jugar y a hacer cosas solos. Comienza el interés por otros niños de su edad y disfrutan cada vez más en compañía de sus iguales. Y sin embargo, al mismo tiempo habrá periodos en los que tu hijo precise compartirlo todo con sus padres, porque siente que puede perder el cariño de lo que más quiere y necesita.

De los 4 a los 6 años

El niño va practicando la separación de los padres y empieza a entender que el mundo es algo más que él mismo. La relación afectiva entre sus progenitores es algo que se escapa de su control, y tiene que tolerarla y respetarla. Es el primer aprendizaje esencial para establecer relaciones sociales. Al niño le genera frustración darse cuenta de que, además de la relación hijo-padre e hijo-madre, hay otra que vincula a padre y madre, a los que tanto ama.

Aceptar que ha de compartir lo que más quiere implica un momento de vulnerabilidad emocional. Se necesita comprensión, cariño y el contacto con el mundo externo a su núcleo familiar, lo que le permitirá, precisamente, encontrar otros afectos.

El entretenimiento es distinto ahora; los niños tienden a jugar separados según el sexo. Además, varía también su comportamiento con relación a sus padres. En esta etapa aparecen las típicas preguntas sobre sexualidad que a veces incomodan a los adultos: cómo se hacen los niños; cómo nacen los bebés, etcétera.

El final de esta fase se caracteriza por la interiorización del conflicto y de las normas. Las prohibiciones o las exigencias son internas y la lucha empieza a darse en uno mismo. Este avance supone el inicio de la autonomía a nivel afectivo. En esta edad hay retos diarios para aprender a gestionar el autocontrol, la frustración, la demora de la satisfacción y alcanzar la responsabilidad de los propios actos. La conducta del niño es más elaborada y sofisticada para obtener lo que quiere. Se instaura la diferencia entre el pensar y el actuar.

En esta etapa se produce un hecho importante que permite al niño el inicio de su autonomía a nivel emocional, debido a que las normas empiezan a ser propias y, por tanto, ya existe responsabilidad de sus actos. A nivel social, la exigencia de entender que, además de la relación que tu hijo tiene con cada uno de vosotros, está la relación entre su padre y su madre, obliga al niño a asumir que hay alguien más aparte de sí mismo. En esta edad comienzan las preguntas sobre la reproducción humana.

De los 6 años hasta la adolescencia

Es la etapa de la socialización y de los aprendizajes escolares. Ahora el contexto extrafamiliar, sobre todo el colegio y los amigos, es el centro de atención y desarrollo del niño. Esto implica que los padres deben estar preparados y fomentar el contacto de su hijo con otros pequeños y también con otros adultos. En esta etapa son necesarias las excursiones, los días en casa de los amigos, dormir fuera de casa, etcétera.

Los amigos se convierten en una pieza esencial para iniciarse poco a poco en la autonomía y la formación progresiva de la personalidad. Los gustos y deseos comienzan a diferenciarse de los de los padres, y los niños necesitan que se lo permitamos. Por otro lado, son más conscientes de sí mismos, por lo que tolerarán mal que se hable de ellos, especialmente de sus errores, inseguridades o miedos. Tal vez lo vivan como una falta de aceptación o como si estuvieran siendo de algún modo ridiculizados. Si los padres pueden tolerar y entender este paso como un peldaño necesario hacía la autonomía, ayudarán a que sus hijos establezcan otros lazos afectivos.

A nivel de aprendizaje, los niños se inician ahora en los conceptos espaciales, temporales y numéricos; eso abre paso a la asimilación de contenidos escolares más complejos, lo cual es uno de los objetivos de esta etapa.

La adolescencia

La adolescencia es un periodo que, en general, desencadena en los padres ciertas reticencias o miedos. Como dice Antonio Ríos, médico y terapeuta familiar, el mensaje que necesitan escuchar los padres es que la adolescencia se acaba. Es decir, que, aunque parezca increíble, tiene un principio y un final. En gran medida el comportamiento en este periodo se puede explicar por las peculiaridades del desarrollo cerebral, como apuntamos en el capítulo anterior. El cerebro adolescente es maduro en algunas áreas y tremendamente inmaduro en otras, lo que determina que las emociones y la impulsividad estén a flor de piel y, además, con escasa capacidad de autorregulación.

La adolescencia, como todas las etapas del desarrollo, tiene unos objetivos concretos:

- Conseguir la autonomía física y emocional de los padres.
- La adaptación a la sociedad y al grupo de amigos.
- La aceptación de su nueva imagen corporal.
- El establecimiento de la identidad sexual y moral.
- Averiguar cuál es el propósito en la vida.

Etapas en la adolescencia

Para entender mejor esta etapa se suele dividir en tres partes:

- *Adolescencia temprana,* que va desde los 11 a los 13 años. Es la fase de los cambios físicos, que son rápidos y llamativos hasta para el propio adolescente. El crecimiento es veloz y aparecen modificaciones a nivel genital. La aceptación de un cuerpo genera curiosidad y, por lo común, inseguridad. El grupo de amigos, normalmente del mismo sexo, sirve para contrarrestar la inestabilidad producida por estos cambios. En el grupo se compara la propia normalidad con la de los demás y se trabaja la aceptación de uno mismo. Los contactos desde la sexualidad son motivados por el afán de indagar. En esta etapa solicitan más autonomía, intimidad y discuten los límites. La forma de pensar se centra ahora en el presente, carecen de capacidades para ver las repercusiones futuras de sus actos y decisiones actuales. Se sienten el centro del mundo, actitud que les puede hacer parecer egoístas, y suelen tener gran sentido del ridículo.

- *Adolescencia intermedia,* entre los 14 y los 17 años. Los cambios anatómicos se ralentizan y permiten ir aceptando poco a poco la imagen corporal. Es una etapa compleja para los padres, porque sus hijos se muestran erráticos. Un día parecen maduros y al siguiente se comportan con absoluta inmadurez, que se hace patente sobre todo en situaciones de estrés. Se inician en la difícil tarea de ver las implicaciones futuras de lo que hacen. El pensamiento es mágico, es decir, las ideas no se basan en pruebas empíricas o en la lógica. Por ejemplo, tienden a considerar que son casi inmortales y que es imposible que les pase algo malo. Es una etapa en la que son idealistas y creativos, y también capaces de asumir grandes riesgos. Los peligros a los que se enfrenten ahora tal vez tengan consecuencias en la vida adulta. Por ejemplo, beber alcohol cuando el cerebro está en desarrollo puede incidir en cómo madure, dependiendo de la cantidad que se consuma. Es, sin duda, una circunstancia que tal vez genere problemas en etapas posteriores. Este periodo se caracteriza también por la tendencia a debatir o llevar la contraria con vehemencia y a menudo. La lucha por la autonomía en cada minuto del día y adquirir el control de su vida son objetivos de máxima prioridad. El grupo de amigos es lo más relevante y necesitan identificarse en la forma de vestir, de hablar, de pensar y de actuar. Es más importante la opinión de ellos que la de los padres. Estos deben poner límites y decir lo que piensan, pero aceptando que los adolescentes discutirán por sistema lo que se les diga. Esta situación ayuda al joven a seguir teniendo un punto de referencia al que volver y le proporciona seguridad y estabilidad. Más adelante el grupo cambia o desaparece, sin embargo, los padres permanecen. En las relaciones de pareja se pasa de la curiosidad a la necesidad de sentirse atractivos.

- *Adolescencia tardía,* entre los 17 y los 21 años. El cuerpo es adulto y estable. El pensamiento abstracto está presente y los jóvenes pueden pensar en el futuro. Se inician en las exigencias del mundo real, si bien esto parece estar retrasándose cada vez más, hasta el punto de que hay adultos con dificultades para ser autónomos y afrontar las exigencias del día a día. Las relaciones familiares son de adulto a adulto, y el grupo pierde importancia en favor de los vínculos maduros de amistad. Esos lazos que se establecen con otros son estables, y los adolescentes adquieren la capacidad de dar y no solo de recibir, como ocurría cuando eran más pequeños. Empiezan a imaginar su vida adulta en lo que respecta a lo personal y lo laboral.

Efectos de las pantallas en el desarrollo psicoafectivo

Menores de 6 años

En esta etapa interfiere tanto el uso de pantallas del niño como el que hace el adulto en los momentos de interacción con sus hijos.

Durante este periodo, el bebé precisa de un cuidador sensible que esté presente físicamente y disponible desde el punto de vista emocional. Cuando el pequeño está ante la pantalla es incapaz de interpretar sus necesidades, y si el adulto se encuentra frente al medio digital, aunque el bebé exprese necesidades, tendrá dificultades para interpretarlas y cubrirlas.

Existe una fuerte asociación entre el tiempo que los padres pasan frente a la pantalla y el que emplean en dicha actividad sus hijos, lo que sugiere por un lado la importancia del ejemplo de aquellos y por otro que los medios digitales interfieren con las interacciones cara a cara de calidad entre padres e hijos.

Los estudios relacionaron el tiempo de exposición de los progenitores a sus dispositivos con la frecuencia de comportamientos encaminados a llamar la atención en sus hijos y un aumento en la dificultad de gestionar de forma adecuada los conflictos en la familia.

El uso de un teléfono para premiar o distraer a niños de 1 a 4 años provoca que estos exijan los dispositivos para calmarse y tengan rabietas si se les niegan.

El uso rutinario de dispositivos para distraer o tranquilizar genera una mayor dificultad para el desarrollo de estrategias de autogestión en ausencia de pantallas. Esta situación provoca que recuperar la calma tras sentir una emoción con la que resulta difícil lidiar vaya a depender de estos aparatos, no solo en el presente, sino también en etapas posteriores. Hay estudios que demuestran que una mayor exposición a las pantallas a los 2 años se asocia con menor autorregulación en fases subsiguientes, y es algo que se acentúa en hijos de familias con un nivel socioeconómico más bajo.

Las pantallas afectan a la efectividad de los padres para traducir las necesidades de sus hijos y a la capacidad del pequeño para comunicar dichas necesidades. En esta etapa de la vida, el desarrollo psicoafectivo está influido de forma muy significativa por el uso de los medios digitales. Tan dañino es el empleo que hacen de ellos los padres en presencia de sus hijos como el de los niños.

En la adolescencia

Las pantallas afectan en esta etapa debido a la desinformación y a la información contradictoria que se recibe. En muchas ocasiones el adolescente está solo frente al dispositivo, y no hay que olvidar que cuenta con un cerebro que le impide autorregularse y tener una actitud crítica. El uso de medios digitales en esta edad puede dificultar la formación sana de la personalidad, la aceptación de la imagen corporal o la sexualidad.

En un estudio realizado en Estados Unidos con una muestra de 10 048 adolescentes, se evidenció una asociación transversal entre el uso de pantallas por parte de los padres y el realizado por los hijos. El uso de pantallas de los padres en las comidas y en el dormitorio se vinculó a un mayor uso problemático de ellas por parte de los hijos adolescentes.

El impacto que sobre el desarrollo psicoafectivo puede tener el contenido que se visualice es un tema complejo y amplio que daría para una disertación específica. A continuación, me referiré a algunos ejemplos de material potencialmente dañino.

El acceso a contenido sexual a edades tempranas

Los niños necesitan ser niños y hacer cosas específicas de su edad. El acceso a contenido sexual a una edad en la que no están preparados para ello puede producir sensación de vergüenza, miedo, alteración de la conducta, imitación del contenido visualizado, entre otros efectos.

La adolescencia tiene dificultades para un desarrollo saludable de su sexualidad debido a la exposición a la pornografía.

En general, la educación que recibe la infancia y la adolescencia no incluye los desafíos de los medios digitales en este terreno y su impacto en la sexualidad y en las relaciones sexuales.

Los adolescentes evitan hablar con sus padres u otros adultos de su confianza sobre este tema. Suelen obtener la información de otros adolescentes o de Internet. Y lo que reciben a través de estos canales con frecuencia es irreal y excluye, por ejemplo, aspectos importantes de la sexualidad humana, como los emocionales, o la importancia del consentimiento.

Una encuesta realizada en Cataluña y publicada en 2024 revela la iniciación sexual precoz y el alto consumo de pornografía. Es necesaria una educación afectivo-sexual temprana destinada a combatir la desinformación de los medios digitales y a promover conductas más seguras y saludables como un objetivo de salud pública.

Según este estudio, la edad media de la primera relación sexual es de 14,5 años. Aproximadamente el 23,5% de los niños y el 27,5% de las niñas han tenido relaciones sexuales con penetración.

Impacto del contenido pornográfico

La pornografía se define como la representación de temas sexuales con el propósito de excitar al consumidor. Los formatos pueden ser diversos: una revista, un videojuego, un libro, una imagen o una película que fue creada para tal fin. La pornografía es irreal, es ficción al igual que los filmes de superhéroes. El problema es que la mayoría de los jóvenes creen que el porno refleja la realidad.

En la actualidad el contenido pornográfico es fácilmente accesible y gratis, lo que provoca que personas de casi cualquier edad, si disponen de la posibilidad de navegar en Internet, consuman este material sin ningún impedimento. Es más, las imágenes sexualizadas aparecen como publicidad en la propia red. Al final, las empresas del porno aumentaron su cartera de potenciales usuarios con la llegada de Internet.

La exposición temprana e intencional a la pornografía en niños y adolescentes puede conducir a actividades delictivas, conductas sexuales de riesgo, como la promiscuidad, el sexting —enviar material sexual voluntariamente— o la disminución en el uso de preservativo e incluso al consumo de determinadas sustancias.

Además, los jóvenes son más vulnerables al impacto de la pornografía que un adulto por múltiples razones:

- La curiosidad de la pubertad que les hace buscar todo tipo de información.

- La inmadurez cerebral, con escasa capacidad de autocontrol.

- Las dificultades de acceso a una educación sexual efectiva; en este sentido, mencionemos la comunicación ineficaz con los padres en los temas relacionados con la sexualidad o/y la falta de educación formal en este aspecto en otros ámbitos como la escuela.

- La ausencia de experiencias previas o de una comprensión real de qué es la sexualidad, cuya consecuencia es que las prácticas o los mensajes pornográficos puedan parecer más realistas de lo que son para un adolescente que carece de conocimientos previos.

- La creencia de que lo que ven es real termina influyendo en su forma de entender sus relaciones, el amor y la sexualidad en la vida real.

Según el estudio citado anteriormente, el consumo de pornografía en Cataluña en la adolescencia es el siguiente:

- El 12,9% de los chicos empezó a ver pornografía a los 10 años o menos, mientras que ninguna de las chicas empezó a esta edad.

- El 45,9% de las chicas empezó a verla a los 13 años, frente a tan solo el 6,5% de los chicos.

- El 12,9% de los chicos declara un consumo excesivo, mientras que ninguna de las chicas declara lo mismo.

- Los chicos también suelen consumir pornografía de forma habitual, con un 22,6%, frente al 8,1% de las chicas.

- En cuanto a las motivaciones para el consumo de pornografía, hay tres principales:

  - Para experimentar deseo sexual: el 71% de los chicos frente al 37,8% de las chicas.

  - Por curiosidad: El 25,8% de los chicos y el 43,2% de las chicas.

  - Para aprender: el 3,2% de los chicos y el 10,8% de las chicas.

Abuso sexual y tecnología

Los estudios investigaron diferentes tipos de abuso sexual relacionado con los medios digitales.

Entre las posibles formas de ejercer el abuso están incluidas las siguientes:

- La exposición a material pornográfico.

- El ciberacoso o *grooming* que conduce al abuso sexual, tanto con el objetivo de hacerse con imágenes de pornografía infantil como con el de ganarse la confianza del pequeño para quedar con él en la vida real.

- La divulgación de imágenes de contenido sexual que un menor se hizo voluntariamente (sexting).

- Solicitar que se haga lo mismo que se visualiza en cualquier tipo de formato con contenido pornográfico como imagen, vídeo o videojuego.

Las consecuencias del abuso sexual que se ejerce a través de medios digitales son emocionales, psicológicas y físicas, y generan enormes dificultades en las relaciones sociales.

Repercusiones sobre la imagen corporal

Las redes sociales influyen en cómo se gestionan los estándares de belleza, la imagen corporal y la autoestima. Ver fotografías editadas que no representan caras o cuerpos reales puede provocar el afán de comparar, promover ideales de autoimagen que no son saludables y desatar fobia hacia el propio cuerpo o la propia imagen.

El tiempo dedicado a las redes sociales está asociado con la insatisfacción por el cuerpo y puede ser desencadenante de pensamientos obsesivos relacionados con el físico.

La adolescencia es una etapa en la que se acepta la imagen corporal adulta y se forja la personalidad. Por tanto, esta época de la vida es especialmente vulnerable al efecto del tiempo de exposición a las redes sociales, donde se muestran a los adolescentes ideales de belleza inalcanzables.

Una encuesta realizada a adolescentes y adultos jóvenes concluyó que un 23,44% de los participantes comparaba su apariencia física con la de personas famosas y que el 90,1% juzga a otros en función de la apariencia.

La cosmeticorexia

La *cosmeticorexia* es un trastorno que se puede definir como la compra compulsiva de cosméticos o la adicción a determinados principios activos para mejorar la imagen que mostramos de nosotros mismos. Los objetivos son de lo más variado: una piel más luminosa o más bronceada, evitar la aparición de arrugas...

El aumento del tiempo dedicado a las redes sociales ha contribuido a un creciente interés por los cosméticos, que se percibe cada vez a una edad más temprana, lo que genera inquietudes sobre el impacto que esto puede producir a nivel físico y psicológico. Los dermatólogos alertan de esta creciente precocidad en la preocupación por la belleza. Una belleza que persigue alcanzar estándares poco realistas, aumentando el consumo de cosméticos.

Los cosméticos deberían ser recomendados por el personal médico para tratar determinadas patologías de la piel, que, concretamente en la adolescencia, necesita estar limpia y protegerse del sol. Por tanto, es innecesario el uso de cremas antiarrugas, autobronceadores o preparados que aumenten la luminosidad. Es más, emplearlos puede ser dañino si no se tiene en cuenta el tipo de piel de la persona o si son de mala calidad. De hecho, hay marcas que en la actualidad prohíben la venta de sus productos por debajo de la mayoría de edad.

En mujeres adultas también se da ese comportamiento. Seguir las tendencias del cuidado de la piel sin conocer las necesidades específicas de cada persona y el impacto que puede causar el uso de cosméticos inadecuados puede ser un problema. Los *influencers* de la belleza y el cuidado de la piel pueden influir en la elección al comprar un producto cosmético por parte de su público objetivo. De ahí la importancia de diferenciar a esos *influencers* de los divulgadores científicos, como, por ejemplo, los dermatólogos.

CAPÍTULO V

Efectos de las pantallas en la salud física

CONTENIDO DEL CAPÍTULO

El término salud digital

El término *salud digital* hace alusión a un concepto reciente. Como explicaba en el primer capítulo, en el año 2017, la Sociedad Canadiense de Pediatría (CPS) publicaba el primer artículo científico en el que se utilizó el vocablo.

En las investigaciones posteriores a este hecho histórico, el uso de la expresión se ha popularizado en la literatura científica. Dicho término hace referencia a que los medios digitales tienen un determinado impacto en la salud física, mental, social y en el desarrollo. Las consecuencias en la salud física se manifiestan en todas las edades.

Las repercusiones de la tecnología en la salud se deben fundamentalmente a tres causas:

- La pantalla en sí misma ya tiene una influencia directa sobre la salud; es la principal responsable de los efectos en el ámbito físico.

- El contenido que se visualice determina los efectos. Por ejemplo, el impacto de consultar información o hacer apuestas *online* es distinto, porque apostar tiene mayor capacidad adictiva que la búsqueda de datos. El tipo de contenido afecta principalmente a la salud mental.

- El diseño de la tecnología, que favorece permanecer más tiempo vinculados a las pantallas, influye en la salud y el desarrollo.

Respecto al diseño, es importante destacar los cambios que se produjeron en el sector digital en la última década. Los ejemplos son múltiples, desde los algoritmos hasta el *scrolling* infinito.

El objetivo es económico y comercial. Por supuesto, es lícito que las empresas tengan una finalidad lucrativa, el problema aparece cuando la industria tecnológica genera productos adictivos desde el mismo momento en que son diseñados —de una forma consciente— para favorecer que los usuarios pasen más tiempo frente a la pantalla y consuman cierto contenido por intervalos superiores con el fin de incrementar las ganancias económicas. Esta realidad hace que se multipliquen los daños, porque favorece los tres factores que impactan directamente sobre la salud (el diseño, el contenido y el tiempo de pantalla). Las mencionadas empresas saben que sus productos son dañinos para la salud y el desarrollo. Llegados a este punto, o se plantean firmemente un código de autorregulación basado en la ética, o los Gobiernos tendrían que valorar los daños ocasionados en la salud de la población y hacer leyes que establezcan controles en la situación actual.

Las primeras investigaciones se dieron en el ámbito de la pediatría. Sin embargo, en la actualidad, el número de artículos publicados que se refieren a otras franjas de edad aumenta año tras año. Esta situación es resultado de la preocupación creciente en otras especialidades médicas como la oftalmología.

Algunos datos para dimensionar el problema

Las conclusiones de los artículos científicos son más contundentes en la actualidad que hace unos años debido al tipo de estudios que se ponen en marcha. Algunos ejemplos son los ensayos clínicos recientes que comparan la desconexión digital con el uso de pantallas y el estudio poblacional ABCD realizado en adolescentes estadounidenses.

En España hay una dificultad añadida para obtener datos de la población: algunas investigaciones diseñadas para conocer determinados riesgos se circunscriben a una única comunidad autónoma. Esta situación limita el conocimiento en el conjunto del territorio.

Datos en menores de 10 años en población española

En los menores de 6 años hay pocos estudios sobre el tiempo de exposición a pantallas. Una encuesta publicada en la *Revista de Salud Pública* en el año 2021 analiza la media de minutos al día dedicados a ver la televisión y a jugar con los videojuegos en menores de 10 años. La media se recoge en la tabla 2.

Tabla 2. Media en minutos dedicados al día a ver la televisión y a jugar a los videojuegos por franja de edad.

	Datos del estudio (minutos al día)	Recomendaciones de la AEP
< 2 años	71	0
2-6 años	112,8	0
6-10 años	133	Menos de una hora

Según este estudio, el tiempo de uso de pantalla aumenta con la edad y es mayor los fines de semana. Los datos ponen de manifiesto que, en general, no se siguen las recomendaciones de las sociedades científicas, especialmente en los menores de 6 años, que conforman un grupo de población vulnerable por razones de neurodesarrollo.

En los datos de dicho estudio se expone que pasar más de dos horas frente a la pantallas se relaciona específicamente con:

- Los niños prefieren como actividad de ocio los videojuegos y las pantallas frente a otras actividades.

- Un mayor tiempo de uso de los dispositivos en la comida y en la cena.

- Es más frecuente que los niños vean solos la televisión sin acompañamiento de los adultos.

- Un mayor uso de la televisión como «ruido de fondo»; es decir, dejar la pantalla encendida aunque no se esté viendo.

- Disponer de televisión en el dormitorio.

- Tener cinco pantallas o más en el hogar.

- Un tiempo de uso de pantalla superior a dos horas en los padres.

Otro dato importante de esta publicación es que los padres que recibieron información sobre el impacto de los medios digitales en la infancia y en la adolescencia exponen menos tiempo a sus hijos a la tecnología que aquellos progenitores que desconocían dicha información.

La exposición a pantallas durante dos horas o más al día en menores de 10 años está asociada con un aumento significativo de los factores de riesgo para la salud en esta franja de edad. Es urgente que se tomen medidas a nivel gubernamental para que los padres estén informados del impacto del acceso a los dispositivos en la infancia. Los estudios demuestran que los progenitores concienciados disminuyen ese tiempo de contacto.

Datos en la adolescencia en población española

Los estudios son numerosos en población adolescente si los comparamos con la cantidad de análisis realizados en otras edades. La investigación publicada por UNICEF en el año 2021 fue de ámbito nacional y participaron en ella un total de 41 509 adolescentes de ambos sexos, de edades comprendidas entre los 11 y los 18 años.

El acceso al primer teléfono móvil y a Internet

Según este estudio, el 94,8% de los adolescentes dispone de un teléfono móvil con conexión a Internet. La edad media de acceso a los teléfonos inteligentes se sitúa en torno a los 11 años. La mitad de los participantes tenía una conexión vinculada a un contrato y al menos 1 de cada 4 contaba con datos ilimitados.

En España se dispone del primer *smartphone* a una edad excesivamente temprana. Además, es frecuente que se tenga acceso a Internet y en una proporción importante con datos ilimitados. Es necesario que la sociedad reflexione sobre si hacer esto es adecuado o no.

El tiempo de uso

Un 31,6% de la población de estudio pasa más de cinco horas diarias conectada a Internet un día cualquiera de la semana. Esta cifra aumenta hasta casi el 50% los fines de semana.

El tiempo dedicado a las pantallas es demasiado en esta franja de edad. Incluso aunque se elimine la exposición a las pantallas al 100% desconocemos si las repercusiones en el desarrollo son reversibles. En la actualidad está en riesgo la salud y el desarrollo de nuestros adolescentes.

Límites en casa

Tan solo el 29,1% de los encuestados refiere que sus padres imponen normas sobre el uso de la tecnología.Uno de cada cuatro adolescentes tiene discusiones en casa todas las semanas por los límites en la utilización de dispositivos. El 36,8% informa de que sus padres usan el móvil en las comidas. El establecimiento de normas y límites se reduce a la mitad en la segunda etapa de la Educación Secundaria Obligatoria (ESO).

> Ante estos datos podemos afirmar que los padres ponen pocos límites a sus hijos en lo que respecta al uso de los medios digitales. La ciencia conoce la importancia que tiene el empleo de las pantallas que hacen los padres cuando están presentes sus hijos. Sin embargo, la mayoría de los adultos desconocen la relevancia de esta cuestión y, por tanto, no tienen inconveniente alguno en mirarlas en presencia de la familia.

La sociedad tiene un grave problema porque existe un desconocimiento generalizado de cuál es el impacto de los medios digitales en la infancia y la adolescencia. Esta circunstancia dificulta la introducción de los cambios necesarios en el uso que hacemos de las pantallas los adultos y en cómo lo limitamos en nuestros hijos. Si esta situación continúa y la población persiste en este hábito nocivo, será complicado obtener resultados distintos. Es urgente que los adultos iniciemos el cambio que nuestros adolescentes y nuestros niños necesitan. La salud, el aprendizaje y el desarrollo de la infancia y la adolescencia están en peligro.

Los profesionales de la salud estamos preocupados

La salud digital preocupa cada vez más. Los especialistas de diferentes disciplinas vemos un aumento de las consultas relacionadas con los efectos de las pantallas sobre nosotros. Oftalmólogos, pediatras, psicólogos, psiquiatras infantiles y de adultos, ginecólogos y representantes de otras especialidades tenemos interiorizado que una de las preguntas en cualquier entrevista clínica es el tiempo que el paciente pasa frente a una pantalla.

Sin embargo, la sociedad no es tan consciente de lo que está ocurriendo. Una de las causas es que las empresas dedicadas directa o indirectamente a la comercialización o desarrollo de los medios digitales hicieron bien su trabajo. En poco tiempo el vocabulario que utilizan las tecnológicas se generalizó en los profesionales de todos los ámbitos y en los ciudadanos de a pie. Expresiones como «uso saludable», «uso responsable», «competencias digitales» o, algunas más sofisticadas, como «empatía digital» o «ciudadanía digital» se encuentran ampliamente extendidas.

Los términos anteriormente citados son hasta cierto punto contradictorios. Si pensamos un momento, por ejemplo, en lo de «uso saludable», hay que concluir que, tal y como está diseñada actualmente la tecnología, es complicado pensar que lo digital pueda ser saludable. Las empresas diseñan sus productos teniendo en cuenta qué pueden hacer para que los usuarios pasen el mayor tiempo posible frente a la pantalla. Por tanto, será difícil aplicar ese calificativo si tenemos en cuenta dicha premisa.

Los pediatras estamos preocupados por el aumento de las consultas relacionadas con los efectos de las pantallas en el desarrollo y en la salud, así como por las formas en que estas interfieren en el establecimiento de hábitos de vida saludables relacionados con el sueño, la alimentación o el ejercicio físico.

Los hábitos de vida saludables se establecen en la infancia y la adolescencia. Desde un punto de vista de salud pública es más sencillo instaurarlos lo antes posible que intentar cambiarlos cuando la persona los ha interiorizado. Por ejemplo, en el consumo de tabaco, es más fácil dificultar el acceso, concienciar a la población y disminuir la exposición al humo que conseguir que un fumador adulto de veinte cigarrillos diarios consiga dejar el hábito.

Pantallas y salud física

El cómo afectan las pantallas a la salud física es uno de los aspectos sobre los que más estudios se han publicado en los últimos años. Los efectos de la tecnología en la salud física se deben principalmente a que el soporte usado es la pantalla y a que el tiempo de contacto con la tecnología nos impide realizar otras actividades. Este fenómeno se denomina *efecto desplazamiento* y afecta principalmente al desarrollo, al sueño y a la actividad física. Es importante resaltar que los efectos en este último ámbito se producen a cualquier edad, incluso en la etapa adulta.

Mi querido lector, te pido encarecidamente que leas este apartado con atención y empieces a poner en marcha las recomendaciones que sugiere la ciencia para disminuir el impacto de las pantallas en tu salud. Además, si tienes menores en casa, tu ejemplo es imprescindible para ellos.

En general, se considera que un tiempo de pantalla superior a dos horas al día tiene un impacto directo en la salud física del adulto. En el cerebro en desarrollo el límite puede ser menor.

El sueño

Es uno de los efectos más estudiados en la ciencia, porque dormir poco repercute en aspectos esenciales para el ser humano. Algunos ejemplos son la salud mental, la secreción hormonal, la atención o el aprendizaje.

Los estudios científicos demostraron que el efecto de la tecnología en el sueño viene determinado por múltiples razones y que la reducción del uso de pantallas mejora la cantidad y la calidad del sueño.

Usar los dispositivos digitales más de dos horas al día aumenta el riesgo de dormir menos de lo que se necesita según la edad, y su empleo antes de acostarse incrementa la sensación de cansancio durante el día, porque afecta al sueño de múltiples formas.

Efectos de las pantallas sobre el sueño antes de acostarnos

Disminución de la cantidad de sueño

Las pantallas están retroiluminadas con luz azul, que es un potente inhibidor de la melatonina. La exposición a luz azul una o dos horas antes de irse a la cama frena la secreción de esta hormona y elimina la sensación de somnolencia que le dice a nuestro cerebro que es hora de dormir.

Además, la luz blanca —que puede estar presente en la luz artificial que utilizamos en casa— se asemeja a la luz solar del mediodía y este estímulo envía a nuestro cerebro el mensaje de que aún no llegó la tarde o la noche. Esta situación provoca insomnio de conciliación o dificultad para dormir cuando apagamos el dispositivo: dormiremos menos horas de las que necesitamos y al día siguiente estaremos cansados.

La melatonina también se encarga de la regulación de otras hormonas o procesos biológicos que necesitan el reloj o ritmo circadiano. Como encargada de decirle al cuerpo que está llegando la noche, la melatonina empieza a contar las horas para que se haga de día. La información de esta hormona, junto a la exposición a la luz, es utilizada por nuestro organismo para llevar el cómputo de veinticuatro horas, de los días y de los ciclos. Así, por ejemplo, el cortisol es la hormona que se segrega a primera hora del día y permite que estemos activos; si se pospone la secreción de melatonina, el cuerpo interpretará que el día ha llegado más tarde, se retrasará el ritmo circadiano de las veinticuatro horas y, en consecuencia, lo hará también el inicio de secreción de cortisol.

Alteración de la calidad del sueño

Además de dormir las horas necesarias para que al despertar sintamos que estamos descansados, es imprescindible que la «estructura» del sueño sea la adecuada. El sueño se configura en una serie de fases que se repiten a lo largo de la noche. Las pantallas determinan el retraso y la disminución de un tipo de sueño, el llamado sueño REM (Rapid Eye Movement), así denominado porque durante esta etapa se produce un movimiento rápido de los ojos.

La fase REM es de sueño profundo y su función es consolidar el aprendizaje, la atención y la memoria. Su reducción en tiempo o el cambio en su estructura producen sensación de cansancio, dificultad para memorizar y una disminución de la capacidad atencional. Para que os hagáis una idea de la importancia de la fase REM, en los primeros meses de vida, durante la cual el sueño es una sucesión de ciclos cortos a lo largo del día, los bebés inician el sueño en la fase REM para asegurar su duración.

Presencia de las pantallas en el dormitorio

Los dispositivos multimedia encendidos o silenciados en el dormitorio interrumpen el sueño. Esto es debido a que su mera presencia alienta a que los revisemos en función de la necesidad que tenga cada persona, por sus circunstancias, en un momento determinado. Por ejemplo, imaginemos que estamos esperando un mensaje importante. El hecho de tener el teléfono encendido en el dormitorio a la hora de acostarnos puede provocar que lo miremos instintivamente una y otra vez para comprobar si, efectivamente, llegó lo que estábamos esperando. Pues bien, está demostrado que apagar los dispositivos durante la noche disminuye los efectos negativos de las pantallas durante el sueño; es el resultado de estudios que han comparado las repercusiones en personas que los mantienen encendidos o silenciados.

Los contenidos que afectan al sueño

Ver contenidos en *streaming*, videojuegos, escuchar música, hablar por teléfono, enviar mensajes de texto, usar las redes sociales o chatear antes de ir a la cama son actividades que se asocian con la tardanza en dormirse y con la aparición de despertares durante la noche.

Los efectos de estar cansados

La falta de sueño por el uso nocturno del teléfono inteligente está relacionada con un estado de ánimo depresivo, el aumento de la irritabilidad y una mayor dificultad para afrontar los retos del día a día.

La falta crónica de sueño favorece la obesidad, la diabetes, la hipertensión y la subida del colesterol en sangre.

> Los expertos en sueño alertan de la necesidad de que la población conozca el impacto del tiempo de uso de las pantallas sobre el sueño. Dormir menos horas o que las fases de sueño se alteren puede afectar a la salud física, a la salud mental, al desarrollo y al aprendizaje.

Alimentación y nutrición

El tiempo que pasamos frente a la televisión está directamente relacionado con una mayor ingesta de calorías y una dieta menos saludable. Favorece el consumo de alimentos hipercalóricos relacionado con la visualización de publicidad. Además, comer con las pantallas —al tener la atención puesta en el contenido de los medios digitales y no en las sensación de hambre y saciedad— aumenta el riesgo de ingerir una mayor cantidad de comida. A mayor tiempo de exposición a los medios digitales, mayor riesgo.

Los niños que permanecen expuestos a pantallas durante menos de dos horas al día tuvieron una menor tasa de obesidad (4,3%) que aquellos con un tiempo de pantalla igual o mayor a dos horas (8,6%).

El tiempo dedicado a la televisión, los videojuegos, los vídeos, los mensajes de texto y las redes sociales se asocia con una dieta poco saludable en los primeros años de la adolescencia.

El ejercicio físico, junto al sueño y la alimentación son los pilares básicos de los hábitos de vida saludables. La mejora de dichos hábitos aumenta los índices de salud en la población de forma significativa, y son intervenciones que requieren una baja inversión. Sin embargo, el empeoramiento de los hábitos genera un incremento del número de personas enfermas, y eso tiene como consecuencia un aumento de la demanda y del gasto sanitario.

Actividad física

Según la Organización Mundial de la Salud (OMS):

La actividad física regular es beneficiosa a cualquier edad. En el adulto, ayuda a prevenir y controlar enfermedades como las cardiovasculares, el cáncer o la diabetes, y favorece la salud cerebral, el bienestar general y reduce los síntomas de la depresión y la ansiedad. En los niños y adolescentes, promueve la salud de los huesos, estimula el crecimiento y el desarrollo saludables de los músculos, el desarrollo motor y el cognitivo. El 31% de los adultos y el 80%

de los adolescentes no cumplen con los niveles recomendados de actividad física. La meta mundial de disminución de la inactividad física en los adultos y adolescentes consiste en una reducción relativa del 10% para 2025 y del 15% para 2030 con respecto al valor de 2010. Según las estimaciones, si no se aumenta la actividad física los sistemas públicos de salud soportarán un gasto de unos 300 000 millones de dólares entre 2020 y 2030.

Las recomendaciones generales de la OMS se concretan en la realización de un tiempo mínimo de actividad física según la edad y tienen en cuenta la presencia de enfermedades crónicas, de discapacidad o el caso de embarazo.

Las recomendaciones de tiempo mínimo de actividad física por edad son:

- Desde los 5 a los 17 años:
  - 60 minutos al día, tres veces a la semana.
  - Actividad física de intensidad moderada o vigorosa.
  - Limitar el uso de pantallas.
- Desde los 18 a los 64 años:
  - De 150 a 300 minutos a la semana de una actividad aeróbica moderada o de 75 a 150 minutos a la semana de una actividad aeróbica vigorosa.
  - Musculación dos veces a la semana.
  - Limitar el sedentarismo.
- En mayores de 65 años:
  - Como en la etapa de los 18 a los 64 años, pero en este caso es necesaria la realización de actividades multicomponente al menos tres veces a la semana. Las actividades

físicas multicomponente variadas recomendadas para esta franja de edad son aquellas que den prioridad al equilibrio y a un entrenamiento de fuerza de intensidad moderada o elevada.

El tiempo que se dedica a la tecnología desplaza el destinado a la actividad física porque, en general, la utilización que se hace de los medios digitales es sedentaria. Los estudios cuya intervención va encaminada a limitar el uso de pantallas demostraron un incremento significativo del ocio activo. Tan es así, que la limitación de las pantallas es la intervención más eficaz para aumentar la actividad física.

Salud ocular

Fatiga visual digital

La exposición a las pantallas provoca una alteración que se denomina Fatiga Visual Digital (FVD).

La FVD es una entidad con dos tipos de síntomas:

- Síntomas oculares:
  - Ojo seco porque, al disminuir el parpadeo, la lágrima no se distribuye de forma adecuada en la superficie del globo ocular.
  - Picazón y sensación de cuerpo extraño son dos síntomas del ojo cuando está seco.

- Visión borrosa, porque al usar las pantallas forzamos la visión de cerca, sin embargo, no se utiliza la visión de objetos que están lejos y esta situación dificulta que podamos enfocar.
- Aumento del lagrimeo en un intento del ojo por combatir la sensación de sequedad ocular.
- Aparición de miopía o aumento de la que ya existe en personas que aún están en la etapa de desarrollo ocular.
- Los síntomas extraoculares son:
  - A nivel cervical y lumbar, un aumento de la rigidez y el dolor, al mantener la misma postura en tiempos prolongados.
  - Cansancio o fatiga general, al forzar la visión y la postura.
  - Cefalea o dolor de cabeza.

El número de casos de FVD en los niños aumentó entre un 50 y un 60% durante la pandemia.

Problemas en los músculos que mueven el globo ocular

Los oftalmólogos infantiles están alertando de un aumento significativo de pacientes que acuden a consulta por estrabismo acomodativo. Este se produce porque, a veces, cuando los músculos que permiten los movimientos del globo ocular están manteniendo una postura fija para ver la pantalla, aparecen tirones. Esta situación ocasiona una contracción más o menos permanente del músculo que sufrió el tirón y, por tanto, una desviación del globo ocular.

El ojo que aún está en desarrollo necesita ver a diferentes distancias para que evolucionen de forma adecuada los músculos que permiten su movilidad, así como el sistema que hace posible enfocar en visión cercana y lejana. Esta es la razón por la cual es importante emplear el máximo tiempo en la realización de actividades al aire libre.

El estrabismo acomodativo también puede aparecer de forma brusca acompañado de visión borrosa y dolor de cabeza. Estos síntomas son iguales a patologías que requieren una atención urgente como la aparición de un sangrado cerebral o un tumor, por lo que se realizarán pruebas de imagen como un TAC cerebral con el fin de confirmar o descartar una causa neurológica grave. En definitiva, el uso de pantallas está aumentando el gasto sanitario.

Las pantallas pueden ocasionar en el ojo que está en desarrollo contracciones de los músculos que se encargan de mover el globo ocular, generando una desviación brusca con bizquera. Esta situación obliga a descartar enfermedades cerebrales que requieren de un tratamiento urgente.

Relación entre los estilos de vida y el volumen cerebral

Un mayor riesgo en los estilos de vida, es decir, un menor número de horas de sueño, menor actividad física, mayor Índice de Masa Corporal (IMC) y más tiempo frente a la pantalla, se asocia con un menor volumen cerebral en distintas zonas. La disminución del volumen cerebral es directamente proporcional a la adopción de estilos de vida no saludables.

Impacto en la calidad de vida

Usar las pantallas un tiempo igual o superior a dos horas diarias está estrechamente vinculado con la sensación de que nuestra calidad de vida es peor.

Recomendaciones para disminuir los efectos de las pantallas en la salud física

Desde que se publicaron los primeros consensos en salud digital, las sociedades científicas hacen recomendaciones periódicas a la población para disminuir los efectos negativos de un uso excesivo de las pantallas.

En un inicio las recomendaciones iban dirigidas a grupos de edad inferior a 18 años, pero actualmente se han extendido a la población general, porque ya sabemos que el impacto en la salud física se produce a lo largo de toda la vida. Es cierto que para algunos efectos concretos existen pequeñas diferencias según la edad, como ocurre en la FVD. Sin embargo, los matices no varían las recomendaciones.

Otro aspecto fundamental de las directrices científicas es que, si toda la familia sigue las pautas, los padres mediante su ejemplo ayudan a los niños a interiorizar qué hacer con las pantallas para que no interfieran en los hábitos de vida saludables. Como explicamos anteriormente, resulta más sencillo instaurar las rutinas sanas a edades tempranas que vernos obligados a modificarlas en la etapa adulta.

Plan Digital Familiar

La Asociación Española de Pediatría, en colaboración con el Comité de Promoción de la Salud, publicó en el año 2023 el Plan Digital Familiar, y lo hizo en forma de web gratuita. La página contiene diferentes apartados dirigidos a las familias y a los pediatras.

La información recogida en el Plan Digital Familiar está expresada en un lenguaje coloquial, que evita la terminología médica o científica, con el fin de favorecer la comprensión al máximo. El plan tiene unas recomendaciones según la edad y para toda la familia. Podemos orientar nuestra elección hacia cualquiera de las recomendaciones, y tenemos, además, la posibilidad, de añadir nuestras propias sugerencias. El objetivo final es obtener un documento que, una vez impreso, puede colocarse en un lugar visible del hogar. Es posible acceder a esta herramienta en: https://plandigitalfamiliar.aeped.es/

El compromiso del grupo de salud digital es la revisión anual del contenido según la evidencia científica acumulada en el último año. En el año 2024 la AEP publicó las modificaciones que se van a llevar a cabo.

El Plan Digital Familiar de la Asociación Española de Pediatría supone una revolución en las recomendaciones dirigidas a la población. La mayoría de sus indicaciones están destinadas a la familia en su conjunto, porque su objetivo es prevenir efectos negativos de las pantallas sobre la salud que puedan darse sobre cualquiera de los integrantes del núcleo familiar, con independencia de su edad. Es más, las recomendaciones por edad solo aportan pequeños matices, lo cual permite que los padres se conviertan en una parte esencial del Plan Digital, pues las directrices van sobre todo dirigidas a ellos. Por tanto, es necesario que los progenitores sean coherentes y cumplan las indicaciones, para convertirse en modelos y enseñar así, a través de su ejemplo, a sus hijos.

Es una herramienta sencilla, medible y flexible que nos lleva a cuestionar qué papel deseamos que las pantallas desempeñen en nuestra vida y en la de nuestra familia.

El Plan Digital Familiar adquiere una especial relevancia tras haber quedado demostrado que una mayor supervisión parental se asocia con un menor tiempo de permanencia frente a las pantallas en los hijos. Por el contrario, la conflictividad intrafamiliar se relaciona con un mayor tiempo de exposición a aquellas por parte de los hijos.

Recomendaciones según el impacto

Sueño

Evitar las pantallas dos horas antes de ir a la cama eliminaría alteraciones en el proceso de secreción de la melatonina. Es innecesaria la presencia de pantallas fijas —por ejemplo, la televisión— en el dormitorio. Sería aconsejable que durante el sueño los dispositivos permaneciera apagados e, idealmente, fuera de la habitación.

Alimentación

Las comidas a lo largo del día, mejor si se hacen sin la presencia de las pantallas. De esta manera tenemos una mayor conciencia de las sensaciones de hambre y saciedad, estamos menos expuestos a estímulos publicitarios y disponemos de un tiempo para compartir en familia cara a cara.

La recomendación es que los dispositivos estén apagados o silenciados y fuera de la habitación donde comemos.

Actividad física

Asegurar la actividad física mínima recomendada por la OMS tiene múltiples beneficios en la salud. El mensaje sería realizar toda la que nuestro tiempo diario nos permita.

Salud ocular

La FVD es una realidad que afecta a cualquier edad, pero en las etapas en que el ojo está aún en desarrollo ha de evitarse en la medida de lo posible la exposición a pantallas y, si se hace, deben situarse a una distancia no inferior a 20 cm del ojo. Las actividades al aire libre disminuyen el riesgo de desarrollar miopía y estrabismo o desviación del globo ocular.

En adultos, ha de observarse la regla 20/20/20, que se traduce en que, cuando estemos utilizando pantallas, parpadeamos cada 20 minutos o bien cerremos los ojos 20 segundos y visualizamos un objeto situado al menos a 20 pies, equivalente en nuestro sistema de medida a seis metros.

Se resumen estas y otras recomendaciones en la siguiente tabla.

Tabla 3. Recomendaciones en el uso de pantallas a cualquier edad para disminuir los efectos de las pantallas en la salud.

Sueño	• Evitar el uso de pantallas una/dos horas antes de acostarse. • Mantener los dispositivos apagados y fuera de la habitación.
Alimentación	• Evitar el uso de pantallas durante las comidas. • Dieta saludable.
Actividad física	• Actividad física regular según recomendaciones por edad.
A nivel ocular y para evitar dolor muscular	• Ergonomía con posición adecuada en uso de pantallas. • Parpadeo durante 20 segundos y enfoque en visión lejana 20 segundos tras 20 minutos seguidos de pantalla (regla 20/20/20).
Atención	• En los momentos de estudio o trabajo, los dispositivos que sean innecesarios deben estar apagados o fuera de la habitación.
Lugar de uso	• Ámbitos del hogar frecuentados por todos los miembros de la familia, como el salón. • Evitar las pantallas en lugares de uso privado, como el baño o el dormitorio.
Dispositivos	• Apagar los dispositivos que no se estén utilizando (ruido de fondo). • Eliminar del dispositivo las aplicaciones que no se usen.
Tiempos de desconexión	• Leer, comer, dormir, hacer ejercicio físico, jugar en familia, socializar, entre otros. • Los dispositivos estarán silenciados y en un lugar previamente pactado.
Seguridad	• Evitar compartir fotos sensibles o cualquier información que pueda afectar a la privacidad. • Cambiar las contraseñas con frecuencia y que estas sean seguras. • Actualizar los dispositivos y las aplicaciones con regularidad.

CAPÍTULO VI

La salud mental y las pantallas

CONTENIDO DEL CAPÍTULO

CASO CLÍNICO

Ángela tiene 13 años y viene acompañada por sus padres. El motivo de la consulta es que al llegar el último recibo de la tarjeta de crédito los padres se dieron cuenta de que ella había hecho compras *online* por un importe de más de mil euros. Los padres no sospechaban nada porque los paquetes nunca llegaban a casa.

A solas con Ángela, me comenta que no sabía que estuviese haciendo nada malo. Compraba productos que enviaba a un apartado de correos y dichos productos los revendía a un precio mayor a sus compañeros del colegio y a sus amigos del equipo de baloncesto. Su idea era, una vez recuperado el dinero, devolverlo a sus padres y las ganancias extra, si se lo permitían, las reinvertiría en comprar más productos.

Impacto de las pantallas en la salud mental

Los efectos de los medios digitales en la salud mental se vienen detectando en las consultas médicas y en los estudios científicos desde hace más de una década.

Los primeros estudios, que eran encuestas, establecieron relaciones entre los medios digitales y la ansiedad o la depresión, entre otros trastornos. Posteriormente, los ensayos clínicos demostraron relaciones causa-efecto entre la exposición a determinados contenidos, o los patrones adictivos, y algunos síntomas o enfermedades mentales.

Considero que el análisis de los efectos de la exposición a pantallas en la salud mental constituye un tema complejo. Ello me ha llevado a abordar en este capítulo «solo» una de las preocupaciones sociales, sanitarias y científicas: las conductas adictivas o el uso problemático de los medios digitales.

Conductas adictivas en medios digitales

¿Existe la adicción a las pantallas o a Internet?

Desde un punto de vista académico, hablar de *adicción a pantallas*, resulta inadecuado, en la medida en que la pantalla o Internet son simplemente soportes. Para que algo sea adictivo tiene que generar cambios cerebrales en los circuitos de recompensa, capaces de ocasionar, a su vez, síntomas característicos, como la tolerancia, la necesidad de consumir más para alcanzar el mismo efecto, o la abstinencia, que se producen al evitar el consumo de la sustancia o realizar la conducta que genera adicción.

Es decir, para considerar que algo constituye una adicción es necesario, entre otras cosas, estar expuestos a una conducta o una sustancia que genere en un individuo concreto un conjunto de síntomas como los mencionados —la tolerancia, la abstinencia— y otros, entre los que figura el abandono de actividades importantes para el individuo. Las pantallas son un soporte, al igual que el cartón del bingo. Una persona puede tener una ludopatía o adicción a jugar al bingo o a hacer apuestas *online*, sin embargo, es imposible ser adicto a las pantallas o al cartón del bingo, porque son meros soportes.

En los medios digitales, las adicciones comportamentales —es la terminología médica empleada para designar aquellas adicciones sin sustancia— están relacionadas con las diferentes actividades que podemos realizar en una pantalla: compras, apuestas, consumo de videojuegos, entre otras.

Lo que probablemente las ciencias médicas obviaron fue si los contenidos en sí mismos podían tener capacidad adictiva, por cómo estaban diseñados desde el inicio de su desarrollo los medios digitales.

En el ámbito de las ciencias médicas, la «adicción» a las redes sociales genera confusión. De hecho, hay artículos científicos publicados sobre el tema, pero aún se considera un mundo por investigar en el que tenemos más preguntas que certezas. Los médicos vemos en nuestra consulta pacientes con esta patología, pero sin llegar a entender muy bien el trasfondo del problema, porque es incomparable a nada conocido, a nada que exista «en el mundo real».

Uno puede ser adicto a las compras o a las apuestas tanto dentro como fuera de la pantalla. Sin embargo, aunque una persona pueda sentir en mayor o menor medida la necesidad de tener contacto social, no diremos que es *adicta* a las relaciones sociales. Y es que, con una elevada probabilidad, es difícil que alguien sea adicto a permanecer conectado a los demás en los medios digitales. Lo que genera adicción son los patrones conductuales de las redes sociales, como por ejemplo, los comentarios positivos, los «me gusta» o el *scrolling* infinito. Estos y otros mecanismos fueron creados con la finalidad de asegurar nuevos seguidores y facilitar que el usuario que ya lo era volviera una y otra vez a la red social.

Existen múltiples artículos científicos sobre el uso de los sistemas de gratificación inmediata en las redes sociales, pero, como es obvio, aparecen en revistas relacionadas con Internet o los medios digitales, no en publicaciones médicas. ¿Puede ser que las ciencias médicas tuvieran delante las respuestas y no supieran verlas? Desde mi perspectiva, es necesario que la investigación relacionada con la salud tenga en cuenta todas las disciplinas implicadas. Si esto no ocurre, las ciencias de la salud tendrán dificultades para comprender aquellos fenómenos que se den exclusivamente en los medios digitales, al no ser comparables con nada conocido en el mundo *offline*.

Los medios digitales son adictivos porque así fueron diseñados

Uno de los negocios de gran parte de las empresas tecnológicas es conseguir un mayor número de usuarios por unidad de tiempo. Los programadores suelen tener como objetivo alcanzar una cantidad determinada de seguidores a la semana, al mes o al año. Si logran esa meta, tal vez consigan una mejora en su salario, y si no, pueden ser despedidos. Sin duda, viven bajo una elevada presión, lo que ocasiona que tengan dificultades para plantearse si lo que están desarrollando es ético o no.

El modelo y el objetivo que la mayoría de las redes sociales desean alcanzar es algo similar a lo que consigue TikTok, capaz de hacerse con un número elevado de seguidores en muy poco tiempo.

La «caja negra» y la «caja blanca»

Las empresas tecnológicas suelen utilizar la Inteligencia Artificial (IA) en múltiples campos, tales como la recomendación personalizada de contenidos y la generación de *feeds* en las redes sociales. Las IA más modernas están en su mayoría basadas en redes neuronales, las cuales emplean funciones matemáticas sencillas pero replicadas a gran escala y conectando la información que se obtiene. De igual manera que en el cerebro humano las neuronas "aprenden" gracias a las sinapsis o conexiones generadas entre ellas. Esta combinación ganadora para los algoritmos de las IA se ha hallado tras años de investigación, durante los cuales se buscaba replicar el pensamiento humano para realizar tareas relacionadas con el campo del lenguaje y de la visión.

Los ingenieros de estas empresas tecnológicas utilizan las expresiones *caja blanca* y *caja negra* para referirse a la capacidad del algoritmo de "autorevisarse" y ver la serie de pasos que ha ejecutado internamente. O, lo que es lo mismo, el razonamiento paso a paso realizado por una IA determinada cuando toma una decisión.

Se utiliza el término *caja blanca* cuando se ve con claridad cada paso o el razonamiento de la IA, y *caja negra* para aquellos casos en los que no es posible ver la secuencia de pasos o qué razonamiento hizo una IA.

Lo complejo de la IA es que vaya aprendiendo, y eso depende en gran parte de la cantidad y la calidad de datos que le sean facilitados. A mayor número de datos y a mayor calidad de estos, más efectiva será la IA a la hora de llevar a cabo la tarea para la que su inventor la haya entrenado.

Dicho de otro modo, las empresas tecnológicas, con la finalidad de aumentar el consumo de sus contenidos, utilizan nuestros datos para hacer que la IA sea capaz de conocer al detalle nuestros patrones de comportamiento. Estas IA, al ser entrenadas con el objetivo de alcanzar y retener el mayor número de usuarios posible, terminan descubriendo patrones humanos adictivos y poniéndolos en práctica. Pero es que, además, esos patrones descubiertos por la IA son difíciles de inspeccionar por parte de los ingenieros de las compañías tecnológicas, y a menudo incluso resulta imposible replicarlos paso a paso, por ejemplo, con el objetivo de garantizar con seguridad el razonamiento que hubo detrás de cada decisión.

La siguiente pregunta sería si es ético que se usen nuestros datos para enseñar a las IA nuestros modelos de comportamiento, y que estas puedan utilizar la información obtenida para descubrir patrones adictivos. Tal circunstancia ocasiona que la persona permanezca pegada a una pantalla y genera tal activación de los circuitos de recompensa que al propio individuo le resulta difícil gestionar la situación. Si a eso añadimos el impacto que esto tiene sobre nuestra salud, el cerebro y el desarrollo, está claro que la sociedad actual se encuentra ante un dilema ético.

El problema es que muchos individuos en la sociedad actual ni siquiera son conscientes del problema o piensan que es algo que solo afecta a los niños. Y, lo que me parece aún más grave, que las empresas tecnológicas no sepan explicar a sus usuarios lo que les está pasando.

Algunos mecanismos adictivos

En junio de 2024, la AEPD publicó un informe sobre los patrones adictivos presentes en los medios digitales; recomiendo a cualquier interesado en este tema que lea dicho documento con atención.

Las plataformas digitales, con la finalidad última de conseguir un mayor número de usuarios, utilizan diferentes estrategias que son potencialmente adictivas. Las más extendidas son:

- La generación de patrones de comportamiento a través de la IA que provoquen la liberación de dopamina. La dopamina es uno de los neurotransmisores que se encargan de reforzar nuestro comportamiento y facilitar las conductas adictivas. Las notificaciones, los «me gusta» y los comentarios desencadenan la descarga de esta sustancia en el cerebro, lo que crea una sensación de placer y bienestar.

- Refuerzos intermitentes difíciles de predecir que intentan imitar a los estímulos utilizados en las máquinas tragaperras; como las notificaciones impredecibles y constantes o las recompensas inmediatas si abres una aplicación en un momento determinado —descuentos o privilegios en un juego—. Estas notificaciones intermitentes aumentan la probabilidad de que los usuarios entren en un determinado servicio un mayor número de veces.

- El desplazamiento sin fin o el *scrolling* infinito garantiza que a los usuarios se les presente constantemente contenido nuevo, lo que activa el deseo del cerebro por la novedad y hace que sea difícil desconectarse.

- La personalización del contenido a través de los algoritmos y el aprendizaje automático de la IA, que analizan el comportamiento y las preferencias de los usuarios. Esta situación permite que lo que aparece en la pantalla sea relevante e interesante para cada individuo porque se adapta a las inclinaciones e intereses de cada persona en cada momento. Esta situación aumenta la probabilidad de interacción con un servicio o contenido determinado.

- Las pruebas A/B, también denominadas pruebas de división o pruebas de cubos. El objetivo es comparar dos versiones de un contenido para determinar cuál atrae más a los usuarios. La prueba es entre una versión control (A) que se mantiene sin ser modificada, frente a una variante (B) cuyo contenido se cambia parcialmente. Se analiza cuál es la más exitosa en función de los objetivos que se desean alcanzar en una situación específica. Las empresas tecnológicas pueden hacer múltiples pruebas a lo largo de un día de una forma sencilla y barata, de este modo identifican con precisión cuál es el contenido que más se busca en cada momento. Esta estrategia permite maximizar la participación y la retención de los usuarios.

- La validación social continua, como los «me gusta», las acciones compartidas y los comentarios brindan una sensación de pertenencia al grupo, lo que a su vez fomenta el uso repetido.

La combinación de algoritmos y la IA son recursos que aprovechan las empresas para que el consumidor tenga una experiencia altamente atractiva y personalizada, con un doble objetivo, el de conseguir nuevos usuarios y que los que ya lo son, vuelvan. La optimización continua del contenido —con las pruebas A/B o el *scrolling*—, las notificaciones o las técnicas de validación social son algunos de los métodos usados para crear una experiencia que puede ser adictiva.

La AEP publicó en 2024 que muchas aplicaciones que aparecen bajo el epígrafe de *educativas* esconden patrones adictivos que favorecen que los niños permanezcan frente a la pantalla más tiempo del que les llevaría hacer la tarea educativa concreta. El tiempo frente a la pantalla aumenta, por ejemplo, si existe la posibilidad de tener un avatar o monedas, de comprar cosas, de participar en juegos o en un *ranking* con el resto de la clase que contabiliza el tiempo total en la aplicación. De hecho, algunas de estas aplicaciones reconocen en sus propias webs que cuentan con sistemas de gratificación inmediata para que el alumno se motive, para ayudarle a mantener la máxima concentración, y para que eso, a su vez, según esas páginas web, suponga una mejora en su rendimiento académico.

La programación que genera recompensas inmediatas y que ocasiona la liberación de dopamina es adictiva. Las empresas tecnológicas son conocedoras desde el momento en que diseñan o mejoran sus servicios, pues lo hacen para fomentar ese efecto, incluso en aplicaciones que van dirigidas a población en desarrollo y dicen ser «educativas».

Esta es la principal razón que permite afirmar que el axioma «la tecnología es inocua y es el mal uso o el uso intensivo el que provoca el daño» está obsoleto. Si desde el diseño, el contenido de los medios digitales está pensada para ser adictivo y las pantallas en sí mismas afectan a los hábitos de vida saludables, los medios digitales repercuten en nosotros de forma muy negativa.

> Hasta que la ética no presida el diseño de la tecnología y convierta en prioritaria a la salud, el desarrollo y el bienestar cerebral frente al objetivo económico, será difícil hacer un «buen uso». Y si hablamos de cerebros en desarrollo, sometidos a la interferencia de los medios digitales en cuanto a la conexión de unas neuronas con otras, cerebros incapaces de autorregularse además, aún más utópico será lograr el objetivo de ese «buen uso».

Por tanto, en este momento es más importante invertir en legislar y en luchar por una tecnología ética y sostenible que evite desde el inicio del diseño los efectos negativos, que seguir trabajando las «competencias digitales», que al fin y al cabo son competencias para la vida.

Hasta que la sociedad logre que se legisle y las empresas tecnológicas dispongan de un código ético y cumplan estándares de sostenibilidad desde el diseño, lo prudente para nuestra salud es:

- Evitar la exposición a las pantallas en los cerebros que están en desarrollo.
- Disminuir la exposición a medios digitales en los adultos.
- Intentar despistar a los algoritmos con el borrado sistemático de nuestros datos y dar la menor información posible sobre nuestro comportamiento.

Los expertos definen el problema

Frente a una pantallas son diversas las actividades y las conductas que podemos desarrollar y que, en sí mismas, presentan capacidad adictiva. Algunas son bien conocidas y están estudiadas, como las compras compulsivas o las apuestas, pero también hay otras más novedosas, como la interacción social a través de las redes sociales. La terminología ha ido variando: se habla de conductas adictivas en Internet, de uso problemático de Internet, etcétera. El Uso Problemático de Medios Digitales o UPMD, hace referencia a un conjunto de conductas diferentes entre sí, cada una de las cuales posee ese potencial adictivo.

La expresión engloba posibles conductas adictivas a las que una persona puede estar expuesta en cualquier tipo de pantalla e independientemente de si está o no conectada a Internet (véase tabla 4). Además, clasifica y define cada una de las conductas y recomienda un cuestionario según edad (adolescente o adulto) para detectar pacientes con un mayor riesgo de evidenciar dicho comportamiento potencialmente adictivo. Los cuestionarios se usan para investigar o como una ayuda para mejorar la detección, pero el diagnóstico tiene que realizarse en una consulta con un profesional cualificado.

Tabla 5. Clasificación de UPMD (elaboración propia a partir del consenso de la Red Europea.

1. General: Problematic Interactive Media Use (PIMU).
(Uso problemático de medios digitales).

2. Específico:

1. Trastornos por videojuegos (negociación excesiva en el mercado de valores)*

2. Trastorno por compras *online*.

3. Cibercondría.

4. Trastorno de comportamiento sexual compulsivo (uso problemático de la pornografía *online*)*.

5. Ciberacosar.

6. Uso problemático de RRSS.

7. Acaparador digital.

¿Es frecuente este fenómeno?

La encuesta publicada en 2021 por UNICEF detectó que un 31,6% de los adolescentes pasa más de cinco horas diarias conectado a Internet un día de semana cualquiera, cifra que asciende al 49,6% durante el fin de semana. Las chicas utilizan más las redes sociales y los chicos, los videojuegos, la visualización de eventos deportivos y la pornografía.

El porcentaje de adolescentes que estarían desarrollando un uso problemático es del 33%. Este porcentaje es mayor entre las chicas y se incrementa significativamente en 3.º y 4.º de la ESO. Los niveles de bienestar emocional, integración social y satisfacción con la vida son inferiores entre los adolescentes que presentan un uso problemático de Internet y la tasa de depresión es más del triple con respecto a quienes no evidencian esta utilización negativa.

Hay pocos estudios sobre el UPMD en adultos. En 2022 se publicó una investigación en población mundial. Este estudio utiliza datos de la encuesta internacional de bienestar digital. El número de participantes fue de quinientos, procedentes de treinta países distintos de una muestra representativa de la población mundial adulta. Los participantes proporcionaron datos sociodemográficos y completaron un cuestionario de UPMD, así como preguntas que evaluaban el comportamiento en las redes sociales y los patrones generales de uso. La frecuencia de UPMD fue del 6,82%, con una variación del 1,7 al 18,4% según el país. Formar parte de una cultura colectivista (no individualista), tener más de 35 años o ser padre/madre de hijos menores de 18 años son variables que se relacionan con un mayor uso de las redes sociales en adultos.

En los menores de 10 años es un fenómeno poco conocido y estudiado. Los datos de los que disponemos nos permiten afirmar que el mundo virtual está siendo utilizado para calmar a los niños cuando tienen dificultad en la gestión de sus emociones y en forma de «dispositivos-niñera». La prevención en esta etapa de la vida debería dirigirse tanto a los niños como a sus padres, con el objetivo de ofrecer alternativas para la regulación emocional y apoyar la crianza.

> El uso problemático de redes sociales es un fenómeno que se produce en todas las edades.

Relación del uso problemático con la salud y el cerebro

El UPMD se ha asociado en múltiples estudios con la salud mental, la salud física y el cerebro.

La depresión, el TDAH, el trastorno de ansiedad, el trastorno obsesivo-compulsivo, la fobia social y el suicidio están relacionado con el UPDM. También se vinculó con aspectos como el aumento del estrés, la soledad o una disminución de la calidad de vida percibida.

En adolescentes, se asocia con enfermedades crónicas, como las molestias de espalda, el sobrepeso, el dolor musculoesquelético y los trastornos del sueño En los adultos, con alteraciones inmunológicas vinculadas al estrés, que son debidas a un aumento del cortisol.

A nivel cerebral, en estudios de imagen funcional, se ha relacionado con una disminución de la densidad de la materia gris en varias áreas de dicho órgano, incluidas las capas de la corteza prefrontal, lugar que se encarga de las funciones ejecutivas; con la actividad cerebral alterada en las regiones relacionadas con la recompensa y con un aumento de la secreción de dopamina.

Independientemente del contenido, hay una alteración importante de distintas funciones cerebrales: disminución en la capacidad de autocontrolarse, dificultad en la toma de decisiones, afectación de la memoria de trabajo y aumento de la impulsividad

Otra manera de obtener información sobre nuestro comportamiento[1]

El aumento de usuarios de los medios digitales puede hacer que las economías, las sociedades y los individuos sean dependientes de dicha tecnología, con el riesgo de verse en la necesidad de aceptar las reglas que impongan las empresas del sector.

Estos fenómenos pueden ser particularmente importantes si se considera la posibilidad de que las tecnologías actuales evolucionen hacia el entorno inteligente del Internet de las Cosas y en la comercialización de dispositivos con capacidad de registrar las ondas cerebrales. La gran pregunta es si todos estos avances

---

1 Este epígrafe está adaptado del artículo: Fineberg, N.A., *et al.,* «Advances in problematic usage of the Internet research. A narrative review by experts from the European network for problematic usage of the Internet», Compr Psychiatry. 2022 doi: 10.1016/j.comppsych.2022.152346.

son independientes o están relacionados para que las empresas tecnológicas tengan cada vez un mejor conocimiento del comportamiento humano.

Por ejemplo, la neuromodulación es una técnica que puede utilizarse para tratar trastornos mentales y neurológicos como la depresión o la enfermedad de Parkinson. La neuromodulación proporciona estímulos eléctricos o magnéticos a regiones cerebrales específicas y modifica la excitabilidad neuronal y, por lo tanto, potencialmente podría cambiar los sentimientos y comportamientos. Esta tecnología se está trasladando al mercado comercial, con dispositivos portátiles de estimulación cerebral para fines no médicos, como la relajación. Tales dispositivos pueden considerarse como una parte futura del Internet de las Cosas en un entorno totalmente conectado y diseñado para permitir que las plataformas y las aplicaciones interactúen con ellos. Además, hay que tener en cuenta que los dispositivos pueden influir en la actividad cerebral.

En este sentido, es importante tener en cuenta las posibilidades de repercusión activa de los dispositivos en las emociones, los sentimientos y las actividades fisiológicas. Desde una perspectiva legal, estas características forman la base para la toma de decisiones y representan elementos para conocer e influir en las emociones en nuestro día a día. Esta situación daría la capacidad a las empresas tecnológicas de modificar las conductas, los sentimientos y las percepciones de los individuos.

Los dispositivos portátiles de estimulación cerebral pueden tener el potencial de desencadenar conductas adictivas, al estimular el citado órgano e influir directamente en el proceso de toma de decisiones. Estas capacidades sugieren la importancia de las consideraciones éticas y legales relativas a la integridad de la mente y el cerebro como principio básico en el marco de los derechos humanos fundamentales. De hecho, cabría utilizar los estudios sobre el UPMD con fines comerciales con el objetivo de generar más adicción.

La ética y la legislación vuelven a ser fundamentales para proteger la salud, el bienestar, la mente, el cerebro, la democracia, la economía y la sociedad tal y como la conocemos.

La propuesta regulatoria de la Unión Europea, la llamada Ley de Servicios Digitales (Digital Services Act, por sus siglas en inglés: DSA) prohíbe que se usen las programaciones de los servicios digitales para engañar a las personas o alterar el proceso de toma de decisiones de los usuarios. Es un primer paso importante hacia la regulación, pero no aborda adecuadamente los posibles efectos sobre el UPMD.

Algunas medidas que podemos adoptar

La solución, como en cualquier problema de salud pública, debería incluir el desarrollo de una normativa que asegurara al usuario que los «productos digitales consumidos» carecen de patrones adictivos o si dichos patrones existen que estuviera regulado por ley la necesidad de alertar a los usuarios de la existencia de dichos patrones y sus efectos. Los patrones adictivos permiten que el usuario pase mayor tiempo del deseado activando sus circuitos dopaminérgicos de recompensa.

Los patrones adictivos van más allá de las redes sociales. Por ejemplo, en los propios buscadores de información aparece publicidad relacionada con contenido de especial interés para el usuario. En palabras textuales de las empresas tecnológicas, la finalidad de esta práctica es mejorar y optimizar la experiencia del consumidor. Según parece, a costa de la salud del usuario y la de sus hijos.

Para que se desarrollen medidas específicas es necesario que los Estados y la sociedad reaccionen y sean conscientes de la situación en la que nos encontramos. En general, tengo una actitud positiva y creo que tarde o temprano llegarán a adoptarse medidas, pero me temo que van a tardar.

Hasta que los Estados reaccionen, la responsabilidad de la protección de los usuarios recae en ellos. La preservación de la salud, la nuestra y la de nuestros hijos, está en nuestras manos. Hasta la fecha, según la literatura científica, lo único que ha demostrado beneficios es la desconexión digital.

En un ensayo clínico reciente realizado en adultos jóvenes con UPMD, reducir el tiempo en redes sociales a treinta minutos diarios se asoció con:

- Mejoría en la duración y calidad del sueño, que se mantuvo en cierta medida durante el periodo posterior a la intervención.

- En cuanto a los resultados relacionados con la salud mental, se observaron cambios en la percepción de la satisfacción general con la vida, el estrés y el bienestar.

- A nivel social, se observó una mejora en las relaciones significativas, al pasar más tiempo interactuando con personas dentro y fuera de la familia.

Los artículos relacionados con el detox digital apuntan a que esta práctica mejora la salud y el bienestar, especialmente en aquellas personas que han desarrollado un UPMD. Hoy es, desde mi punto de vista, la herramienta más barata y accesible de la que disponemos los usuarios para defender nuestra salud y la de nuestros hijos.

EPÍLOGO

Madrid, 16 de octubre de 2024

Mi querido lector:

Si estás leyendo esta carta, entiendo que llegaste al final del libro. Agradezco infinitamente que hayas dedicado tu valioso tiempo a estas páginas.

El desarrollo de esta obra fue complejo. Estaba previsto que viese la luz en enero de 2024, pero un problema de salud, unido a múltiples compromisos laborales, retrasó su publicación. Desde estas líneas quiero agradecer profundamente la comprensión y el cariño que a lo largo de todos estos meses me dispensó cada uno de los trabajadores incansables de mi querida Editorial Edaf.

Esta idea llevaba en mi cabeza mucho tiempo. Cada día, los pacientes, las familias, mis queridos colegas del Hospital Ruber Internacional de Madrid y mis amigos me preguntaban por qué no escribía un libro sobre el tema, aprovechando el conocimiento acumulado por mí en los últimos doce o trece años. La respuesta era siempre la misma, que se trataba de un fenómeno en continua evolución y era difícil «hacerlo libro». Sin embargo, lo acontecido en nuestra sociedad desde la pandemia del coronavirus me animó a tirarme a la piscina.

El problema del impacto de las pantallas en la salud y el cerebro es algo que vemos los médicos en la consulta todos los días, y nos preocupa intensamente. Así que esa necesidad de contar lo que creo que puede ayudar a concienciar a la sociedad sobre el gran reto que tenemos, para que, con esa información, cada uno pueda enfrentarse a la realidad de lo que nos ocurre, me llevó a dar el paso.

Mi querido lector, te recuerdo que, aunque pueda parecerlo, no estoy en contra de la tecnología digital. Lo que sucede es que me preocupa mucho cómo se está diseñando en la actualidad dicha tecnología. Creo firmemente en la idea de que, si el ser humano está informado, se verá obligado a actuar, como hice yo al escribir el libro. Igual soy una ingenua, pero sigo confiando en las bondades del individuo.

Es posible que, con el índice de capítulos en la mano, quien me conozca personalmente eche en falta un apartado sobre las pantallas y la educación. Conscientemente decidí no abordar ese tema por dos razones fundamentales. La primera es que no tengo tanto conocimiento sobre el aprendizaje como sobre la salud y el cerebro; la segunda, que, sinceramente, no lo veo necesario.

Lo sé, te estarás preguntando cómo llegué a la conclusión de que no es necesario. Muy sencillo: si tenemos en cuenta todos los efectos sobre la salud, entiendo que el sistema educativo quiere promover los hábitos de vida saludables y, por tanto, cae por su propio peso la necesidad de replantear cómo se están utilizando los medios digitales en ese ámbito. Hay otra razón más técnica: considerando los derechos digitales de la infancia, cuando dos de ellos entran en conflicto, en virtud del bien superior del menor debería decidirse cuál prevalece. En este caso chocan el derecho al uso de la tecnología digital en el sistema educativo contra la salud y el neurodesarrollo. Creo que no hace falta que especifique qué derecho debería prevalecer, tal como yo lo veo.

Aprovechando estas líneas finales me gustaría hacer un llamamiento a las empresas tecnológicas, por si acaso me escuchan. Hace unos años se reguló en la medicina algo que parecía impensable: la relación entre los profesionales sanitarios y la industria farmacéutica. Dicha regulación permitió una seguridad jurídica para las dos partes. La ética y la sostenibilidad del negocio de la tecnología digital deberían convertirse en una lucha de las propias empresas. Si alguna compañía decidiese seguir ese código ético, estoy segura de que además de ganar usuarios de una forma fácil también conseguiría ganar en bolsa.

Mi querido lector, espero que el capítulo dos no fuese excesivamente técnico y te haya aclarado algunos conceptos sin aburrirte en exceso. Creo que, en el último año, algunos abanderados de la evidencia científica están haciendo un mal uso de la ciencia, y eso me llevó a decidir escribir al respecto.

Ojalá este libro sirva a cada uno de los lectores para reflexionar y decidir qué hacer desde su pequeña o gran parcela. Recordad que la unión hace la fuerza y que, como sociedad, tenemos más poder del que pensamos.

Antes de finalizar esta carta quisiera agradecer a la Agencia Española de Protección de Datos, liderada por mi querida Mar España, y formada por grandes personas a las que tuve la fortuna de conocer, por su gran labor en la protección de la infancia desde el dato y hasta el infinito y más allá.

Espero vuestros comentarios, críticas y sugerencias de mejora con gran expectación.

Recordad que en las redes soy @mimamayanoespediatra

Un abrazo.

María.

AGRADECIMIENTOS

A mi querido Óscar, por ser el primer lector y corrector del libro. Gracias por ser como eres. Soy muy afortunada de tenerte a mi lado.

A mis hijas, por soportar a su madre escribiendo a horas intempestivas y en momentos de tiempo libre. Os debo minutos.

A mis padres, porque gracias a ellos soy quien soy. Sin ellos, ni esto ni nada de lo que hago sería posible. A mis *sobris* y a mi *cuñao*, por estar siempre para arrancarme una carcajada. A mi hermana, a la que va dedicado este libro. Os quiero.

A mi familia y mis amigos, por estar ahí, por aguantarme y quererme tal y como soy.

A mi programador de una empresa tecnológica que me documentó y asesoró en todo lo técnico. Es loable que alguien de la industria esté intentando cambiar las cosas desde dentro. Si me necesitas, aquí estoy.

A Blanca, a Esther, A Julián, a Rafa, a Marta, a Luis de la AEPD: muchas gracias por vuestro trabajo incansable. A Mar España, por ser una líder nata y mejor persona. Gracias por tanto.

A mis queridos compañeros de viaje del grupo de salud y a los adoptados. A Abi, a Elena, a Miriam, a Cristina, a Antonio, a Javier y a Telmo. Por todo lo aprendido de vosotros y con vosotros. Si algo me llevo del camino recorrido juntos es a la gente que tuve la oportunidad de conocer. Perdón si algunas líneas os suenan familiares.

A Lefa, a Julio, a Valero, a Cristina, a Begoña y a Luis de la Asociación Española de Pediatría. Aún recuerdo las primeras reuniones del Plan Digital Familiar® era un sueño y ahora, un orgullo ver dónde estamos. Gracias por vuestro apoyo sincero y por creer en el proyecto.

A Catherine L'Ecuyer, gracias por tanto, especialmente por tu libro "Educar en el asombro". Lo encontré por casualidad en mi primera maternidad y me motivó para retirar las pantallas de la vida de mi primera hija. Gracias por tu honestidad y trabajo incesante desde hace tanto tiempo. Amiga, fuiste una pionera. Espero que la vida nos siga deparando trabajar y compartir tiempo juntas. Te admiro.

A la Asociación de Adolescencia Libre de Móviles (ALM), desde que os conocí me siento acompañada y motivada para continuar en concienciar a las familias. En parte, este libro ve la luz gracias a vosotros, sin vuestras energías hubiese sido un proceso más complejo. Gracias desde el corazón.

A mi gran familia de la Unidad de Pediatría y Adolescencia del Hospital Ruber Internacional de Madrid. Os admiro, os quiero y me ayudáis cada día en la atención de cada uno de mis pacientes, tengan o no problemas relacionados con la tecnología. Especialmente a Pepe Casas, por ser un jefe maravilloso, compañero y amigo. Gracias de todo corazón.

A mis pacientes y sus familias. El reto de atenderos cada día me hace estar actualizada. Aprendo de vosotros al compartir vuestras vidas conmigo. Parte de lo que soy os lo debo a todos vosotros.

A mi querida Edaf. Por vuestra paciencia, vuestro cariño y comprensión. Finalizar este libro no fue fácil, pero sin vuestro apoyo creo que hubiese sido imposible.

A ti, mi querido lector. Por dedicar tu tiempo a leer estas páginas. Sin ti este libro carecería de sentido.

A todos aquellos que de algún modo hayan hecho posible que estas páginas vean la luz. Gracias de todo corazón.

BIBLIOGRAFÍA*

Introducción

- Grupo de trabajo de la Guía Clínica de ciberacoso para profesionales de la salud. Guía clínica de ciberacoso para profesionales de la salud. Plan de confianza del ámbito digital del Ministerio de Industria, Energía y Turismo. Hospital Universitario La Paz, Sociedad Española de Medicina del Adolescente, Red.es. Madrid. 2015. https://cdn.adolescenciasema. org/wp-content/uploads/2015/09/Gu%C3%ADa-de-ciber-acoso-para-profesionales-de-la-salud-castellano.pdf

- Menores [Internet]. Disponible en: https://www.incibe.es/ menores

- Agencia Española de Protección de Datos. Patrones adictivos en el tratamiento de datos personales. Madrid. 2024. https://www.aepd.es/guias/patrones-adictivos-en-trata-miento-de-datos-personales.pdf

---

* Toda la bibliografía por capítulos está ordenada por orden de aparición de la publicación. (*N. de la A.*)

— Asociación adolescencia libre de móviles Madrid [Internet]. Adolescencialibredemovilesmadrid.es. Disponible en: https://adolescencialibredemovilesmadrid.es/

— Plan digital familiar de la Asociación Española de Pediatría [Internet]. Aeped.es. Disponible en: https://plandigitalfamiliar.aeped.es/index.php

Capítulo 1

— Prensky, M.H. Nativos digitales, inmigrantes digitales [Internet]. Marcprensky.com. 2001 Disponible en: https://www.marcprensky.com/writing/Prensky%20-%20Digital%20Natives,%20Digital%20Immigrants%20-%20Part1.pdf

— Prensky, M.H. Sapiens Digital: De inmigrantes y nativos digitales a sabiduría digital [Internet]. Nova.edu. Disponible en: https://nsuworks.nova.edu/cgi/viewcontent.cgi?article=1020&context=innovate

— Hofmann, J.B. To my 13-year-old, an iPhone contract from your mom, with love [Internet]. HuffPost. 2012 Disponible en: https://www.huffpost.com/entry/iphone-contract-from-your-mom_b_2372493

— American Academy of Pediatrics. Media and Young Minds. Pediatrics. 2016;138(5). Disponible en: https://publications.aap.org/pediatrics/article/138/5/e20162591/60503/Media-and-Young-Minds?autologincheck=redirected

– Plan digital familiar de la Academia Americana de Pediatría. https://www.healthychildren.org/Spanish/fmp/Paginas/MediaPlan.aspx

– Canadian Paediatric Society, Digital Health Task Force. Screen time and young children: Promoting health and development in a digital world. Pediatric Child Health. 2017 Nov; 22(8): 461–468. Disponible en: https://www.ncbi.nlm.nih.gov/pmc/articles/PMC5823000/.

– Canadian Paediatric Society, Digital Health Task Force. Digital media: Promoting healthy screen use in school-aged children and adolescents. Pediatric Child Health. 2019;24(6):402-417. https://pubmed.ncbi.nlm.nih.gov/31528113/.

– Ponti, M. Screen time and preschool children: Promoting health and development in a digital world. Pediatric Child Health [Internet]. 2023 [cited 2024 Aug 8];28(3):184–92. Disponible en: http://dx.doi.org/10.1093/pch/pxac125

– Official Records of the World Health Organization, N.º 2, p. 100. 1946. Disponible en: https://www.who.int/es/about/who-we-are/frequently-asked-questions.

– Gavidia, V. y Talavera, M. «La construcción del concepto de salud». *Didáctica de las ciencias experimentales y sociales.* 2012; 26. 161-175.

– Plan digital familiar de la Asociación Española de Pediatría [Internet]. Aeped.es. Disponible en: https://plandigitalfamiliar.aeped.es/index.php

Capítulo 2

– Canadian Paediatric Society, Digital Health Task Force. Screen time and young children: Promoting health and development in a digital world. Pediatric Child Health. 2017 Nov; 22(8): 461–468. Disponible en: https://www. ncbi.nlm.nih.gov/pmc/articles/PMC5823000/.

– European Research Network into Problematic Usage of the Internet with the Diverse Needs of the Professional and Consumer Communities Affected by Problematic Usage of Pornography. Int J Environ Res Public Health. 2020 May 15;17(10):3462. doi: 10.3390/ijerph17103462. PMID: 32429206; PMCID: PMC7277927. Disponible en: https://www.mdpi.com/1660-4601/17/10/3462

– Abcdstudy.org. Disponible en: https://abcdstudy.org/es/

– Los pediatras plantean reevaluar el uso de pantallas en la enseñanza [Internet]. Aeped.es. Disponible en: https:// www.aeped.es/noticias/los-pediatras-plantean-reevalu-ar-uso-pantallas-en-ensenanza

– Martínez, C.N. Pantallas en la educación: pediatras piden reevaluar su uso [Internet]. Medscape. 2024. Disponible en: https://espanol.medscape.com/verarticulo/5912615?s-rc=soc_lk_share

– La ausencia de evidencia no significa evidencia de ausencia [Internet]. Cochrane.org. Disponible en: https:// es.cochrane.org/es/divulgacion/pensamiento-critico/la-au-sencia-de-evidencia-no-significa-evidencia-de-ausencia

– Salmerón-Ruiz, M.A., Montiel, I. y L'Ecuyer, C. A call for caution in the use of screens: a lack of evidence of risk is not evidence of a lack of risk. An Pediatr (Engl Ed). 2024;101(2):73-74. Disponible en: https://pubmed.ncbi.nlm.nih.gov/39097524/

– Sede Electrónica - Agencia Española de Protección de Datos [Internet]. Gob.es. Canal prioritario. Disponible en: https://sedeagpd.gob.es/sede-electronica-web/vistas/formNueva-Reclamacion/nuevaReclamacion.jsf?QID=Q600&ce=0

Capítulo 3

– Barrecheguren, P. Neurocosas capítulo 10: Suzana Herculano-Houzel [Internet]. Muy Interesante. 2017. Disponible en: https://www.muyinteresante.com/ciencia/829.html

– Herculano-Houzel, S. The human brain in numbers: a linearly scaled-up primate brain. Front Hum Neurosci [Internet]. 2009;3. Disponible en: http://dx.doi.org/10.3389/neuro.09.031.2009

– Peter, R. H. Synaptic density in human frontal cortex - Developmental changes and effects of aging. Brain Res [Internet]. 1979 [cited 2024 Aug 26];163(2):195–205. Disponible en: https://pubmed.ncbi.nlm.nih.gov/427544/

– AAP Council on Communications and Media. Media and young minds. Pediatrics, 138 (2016), pp. e20162591. http://dx.doi.org/10.1542/peds.2016-259

– Canadian Paediatric Society. Screen time and preschool children: Promoting health and development in a digital world. Pediatric Child Health. 28 (2023), pp. 184-192. http://dx.doi.org/10.1093/pch/pxac125

– Yadav, S., Chakraborty, P., Mittal, P. & Arora, U. (2018). Children aged 6-24 months like to watch YouTube videos but could not learn anything from them. Acta paediatrica, 107(8), 1461–1466. Disponible en: https://pubmed.ncbi. nlm.nih.gov/29558569/

– Moser, A., Zimmermann, L., Dickerson, K., Grenell, A., Barr, R. & Gerhardstein, P. (2015). They can interact, but can they learn? Toddlers' transfer learning from touchscreens and television. Journal of Experimental Child Psychology, 137, 137–155. Disponible en: https://pubmed. ncbi.nlm.nih.gov/25978678/

– Sugiyama, M., Tsuchiya, K.J., Okubo, Y. *et al.* Outdoor Play as a Mitigating Factor in the Association Between Screen Time for Young Children and Neurodevelopmental Outcomes. JAMA Pediatr. 2023;177(3):303-310. Disponible en: https://www.ncbi.nlm.nih.gov/pmc/articles/PMC9871942/

– Dy ABC, Dy ABC, Santos, S.K. Measuring effects of screen time on the development of children in the Philippines: a cross-sectional study. BMC Public Health. 2023; 28;23(1):1261. Disponible en: https://pubmed.ncbi.nlm. nih.gov/37380949/

– McArthur, B.A, Tough, S. & Madigan, S. Screen time and developmental and behavioral outcomes for preschool children. Pediatr Res. 2022;91(6):1616-1621. Disponible en: https://pubmed.ncbi.nlm.nih.gov/34012028/

– Arabiat, D., Al Jabery, M., Robinson, S., Whitehead, L. & Mörelius, E. (2023). Interactive technology use and child development: A systematic review. Child: Care, Health and Development, 49(4), 679–715. Diponible en: https://doi.org/10.1111/cch.13082

– Ma, S., Li, J. & Chen, E. (2022). Does Screen Media Hurt Young Children's Social Development? Longitudinal Associations Between Parental Engagement, Children's Screen Time, and Their Social Competence. Early Education and Development, 1-38.

– Hutton, J.S., Dudley, J., Horowitz-Kraus, T., DeWitt, T. & Holland, S.K. Differences in functional network connectivity during stories presented in audio, illustrated, and animated format in preschool-age children. Brain Imaging Behav [Internet]. 2020;14(1):130–41. Disponible en: http://dx.doi.org/10.1007/s11682-018-9985-y

– Law, E.C., Han, M.X., Lai, Z., Lim, S., Ong, Z.Y., Ng, V., Gabard-Durnam, L.J., Wilkinson, C.L., Levin, A.R., Rifkin-Graboi, A., Daniel, L.M., Gluckman, P.D., Chong, Y.S., Meaney, M.J. & Nelson, C.A. Associations Between Infant Screen Use, Electroencephalography Markers, and Cognitive Outcomes. JAMA Pediatr. 2023 Mar 1;177(3):311-318. Disponible en: https://europepmc.org/article/pmc/pmc9887532

– Hutton, J.S., Dudley, J., Horowitz-Kraus, T., DeWitt, T. & Holland, S.K. Associations Between Screen-Based Media

Use and Brain White Matter Integrity in Preschool-Aged Children. JAMA Pediatr. 2020;174(1):e193869. doi:10.1001/jamapediatrics.2019.3869. Disponible en: https://pubmed.ncbi.nlm.nih.gov/31682712/

– Mustonen, R., Torppa, R. & Stolt, S. Screen Time of Preschool-Aged Children and Their Mothers, and Children's Language Development. Children (Basel). 2022;18;9(10):1577. Disponible en: https://pubmed.ncbi.nlm.nih.gov/36291513/

– Qu, G., Hu, W., Meng, J., Wang, X., Su, W., Liu, H., Ma, S., Sun, C., Huang, C., Lowe, S. & Sun Y. Association between screen time and developmental and behavioral problems among children in the United States: evidence from 2018 to 2020 NSCH. J Psychiatr Res. 2023;161:140-149. Disponible en: https://pubmed.ncbi.nlm.nih.gov/36924568/

– Chen, J.Y., Strodl, E., Wu, C.A., Huang, L.H., Yin, X.N., Wen, G.M., Sun, D.L., Xian, D.X., Chen, Y.J., Yang, G.Y. & Chen, W.Q. Screen time and autistic-like behaviors among preschool children in China. Psychol Health Med. 2021;26(5):607-620. Disponible en: https://pubmed.ncbi.nlm.nih.gov/33227216/

– Kushima, M., Kojima, R., Shinohara, R., Horiuchi, S., Otawa, S., Ooka, T., Akiyama, Y., Miyake, K., Yokomichi, H. & Yamagata, Z. Japan Environment and Children's Study Group. Association Between Screen Time Exposure in Children at 1 Year of Age and Autism Spectrum Disorder at 3 Years of Age: The Japan Environment and Children's Study. JAMA Pediatr. 2022;1;176(4):384-391. Disponible en: https://pubmed.ncbi.nlm.nih.gov/35099540/

– Zhao, J., Yu, Z., Sun, X., Wu, S., Zhang, J., Zhang, D., Zhang, Y. & Jiang, F. Association Between Screen Time Trajectory and Early Childhood Development in Children in China. JAMA Pediatr. 2022;1;176(8):768-775. Disponible en: https://pubmed.ncbi.nlm.nih.gov/35666518/

– Tamana, S.K., Ezeugwu, V., Chikuma, J., Lefebvre, D.L., Azad, M.B., Moraes, T.J., Subbarao, P., Becker, A.B., Turvey, S.E., Sears, M.R., Dick, B.D., Carson, V., Rasmussen, C., CHILD study Investigators, Pei., J. & Mandhane, P.J. Screen-time is associated with inattention problems in preschoolers: Results from the CHILD birth cohort study. PLoS One. 2019;17;14(4):e0213995. Disponible en: https://pubmed.ncbi.nlm.nih.gov/30995220/

– McArthr, B.A., Browne, D., McDonald, S., Tough, S. & Madigan, S. Longitudinal Associations Between Screen Use and Reading in Preschool-Aged Children. Pediatrics. 2021;147(6):e2020011429. Disponible en: https://pubmed.ncbi.nlm.nih.gov/34031229/

– Vohr, B.R., McGowan, E.C., Bann, C. *et al.* Association of High Screen-Time Use with School-age Cognitive, Executive Function and Behavior Outcomes in Extremely Preterm Children. JAMA Pediatr. 2021;175(10):1025–1034. Disponible en: https://pubmed.ncbi.nlm.nih.gov/34251406/

- Li, M., Zhao, R., Dang, X., Xu, X., Chen, R., Chen, Y. *et al*. Causal relationships between screen use, reading, and brain development in early adolescents. Adv Sci (Weinh) [Internet]. 2024;11(11). Disponible en: http://dx.doi.org/10.1002/advs.202307540

- Zhuang, Z., Zhao, Y., Song, Z. *et al.* Leisure-Time Television Viewing and Computer Use, Family History, and Incidence of Dementia. *Neuroepidemiology*. 2023;57(5):304-315. Disponible en: https://www.ncbi.nlm.nih.gov/pmc/articles/PMC10641801/

- Manwell, L.A., Tadros, M., Ciccarelli, T.M. & Eikelboom, R. Digital dementia in the internet generation: excessive screen time during brain development will increase the risk of Alzheimer's disease and related dementias in adulthood. *J Integr Neurosci*. 2022;21(1):28. Disponible en: https://pubmed.ncbi.nlm.nih.gov/35164464/

- Wu, H., Gu, Y., Du, W. *et al.* Different types of screen time, physical activity, and incident dementia, Parkinson's disease, depression and multimorbidity status. *Int J Behav Nutr Phys Act*. 2023;20(1):130. Disponible en: https://pubmed.ncbi.nlm.nih.gov/37924067/

Capítulo 4

- Escudero, Álvaro C. Las etapas del desarrollo madurativo. FAPAP. 2012, vol. 5, N.º 2. Disponible en: https://fapap.es/articulo/195/las-etapas-del-desarrollo-madurativo

— Pascual, X. Claves para entender a tu hijo/a adolescente - D. Antonio Ríos [Internet]. Youtube. Disponible en: https:// www.youtube.com/watch?v=DLjD4c19TYY

— Salmerón Ruiz, M.A. & Casas Rivero, «J. El adolescente y su entorno», en Ruiz-Extremera, A. *Pediatría en ciencias de la salud.* 1ª edición. Granada: Universidad de Granada; 2013. P 115-127.

— Pérez Pascual, M. & Salmerón Ruiz, M.A. El entorno y la influencia en la adolescencia: familia, amigos, escuela, universidad y medios de comunicación. Pediatr Integral 2022; XXVI (4): 214 – 221. Disponible en: https:// www.pediatriaintegral.es/publicacion-2022-06/el-entorno-y-la-influencia-en-la-adolescencia-familia-amigos-escuela-universidad-y-medios-de-comunicacion/

— Kuzma, E.K., Ammerman, B.A., Lee, V. & Baird, J. Re-envisioning Youth Sexual Health Care: Supporting Sex Positivity in a Digital World. J Pediatr Health Care. 2024;38(3):310-322. Disponible en: https://pubmed.ncbi.nlm.nih.gov/38085200/

— Chauviré-Geib, K. & Fegert, J.M. Victims of Technology-Assisted Child Sexual Abuse: A Scoping Review. Trauma Violence Abuse. 2024;25(2):1335-1348. Disponible en: https://pubmed.ncbi.nlm.nih.gov/37313793/

— Zafra-Agea, J.A., Ramírez-Baraldes, E., García-Salido, C., García-Gutiérrez, D. Vilafranca-Cartagena, M. Affective–sexual behaviors in youth: Analysis of a public health survey in the school setting. Healthcare

2024;12(17):1762. Disponible en: https://www.mdpi.com/2227-9032/12/17/1762

- Adarsh, H. & Sahoo, S. Pornography and its impact on adolescent/teenage sexuality. Journal of Psychosexual Health 2023;5(1):35–9. Disponible en: http://dx.doi.org/10.1177/26318318231153984

- Román-García, Ó., Bacigalupe, A. & Vaamonde-García, C. Relación de la pornografía mainstream con la salud sexual y reproductiva de los/las adolescentes. Una revisión de alcance. Rev. Esp. Salud Publica. 2021; 95: e202108102. Disponible en: http://scielo.isciii.es/scielo.php?script=sci_arttext&pid=S1135-57272021000100182&lng=es

- Haykal, D., Cartier, H. & Kroumpouzos, G. Educational strategies to combat harmful cosmetic dermatology trends in Generations Alpha and Z. Clin Dermatol.2024;42(4):415–9. Disponible en: http://dx.doi.org/10.1016/j.clindermatol.2024.05.004

Capitulo 5

- Canadian Paediatric Society, Digital Health Task Force. Screen time and young children: Promoting health and development in a digital world. Pediatric Child Health. 2017 Nov; 22(8): 461–468. Disponible en: https://www.ncbi.nlm.nih.gov/pmc/articles/PMC5823000/.

- Abcdstudy.org. Disponible en: https://abcdstudy.org/es/

— Anandpara, G., Kharadi, A., Vidja, P., Chauhan, Y., Mahajan, S. & Patel, J. A. Comprehensive Review on Digital Detox: A Newer Health and Wellness Trend in the Current Era. Cureus. 2024;16(4):e58719. Disponible en: https://www.ncbi.nlm.nih.gov/pmc/articles/PMC11109987

— Martínez, C.N. Pediatricians question the use of screens in education [Internet]. Medscape. 2024 [cited 2024 Aug 9]. Disponible en: https://www.medscape.com/viewarticle/pediatricians-question-use-screens-education-2024a1000d0z

— Pons, M., Bordoy, A., Alemany, E., Huget, O., Zagaglia, A., Slyvka, S. *et al.* Hábitos familiares relacionados con el uso excesivo de pantallas recreativas (televisión y videojuegos) en la infancia. Rev Esp Salud Pública. 2021; 95: 1-13. https://dialnet.unirioja.es/servlet/articulo?codigo=7957690

— La AEP actualiza sus recomendaciones sobre el uso de pantallas en la infancia y adolescencia. https://www.aeped.es/noticias/aep-actualiza-sus-recomendaciones-sobre-uso-pantallas-en-infancia-y-adolescencia

— Informe del comité de personas expertas para el desarrollo de un entorno digital seguro para la juventud y la infancia. 2024. https://www.juventudeinfancia.gob.es/sites/default/files/noticias/Informe%20del%20comit%C3%A9%20de%20personas%20expertas%20para%20el%20desarrollo%20de%20un%20entorno%20digital%20seguro%20para%20la%20juventud%20y%20la%20infancia.pdf

– Andrade, B., Guadix, I., Rial, A. & Suárez, F. UNICEF España. Impacto de la tecnología en la adolescencia. Relaciones, riesgos y oportunidades. 2021. Disponible en: https://www.unicef.es/publicacion/impacto-de-la-tecnologia-en-la-adolescencia.

– Abi-Jaoude, E., Naylor, K.T. & Pignatiello A. Smartphones, social media use and youth mental health. CMAJ. 2020;192(6):136-142. [Fecha de acceso 22 dic 2022]. Disponible en: https://www.ncbi.nlm.nih.gov/pmc/articles/PMC7012622/

– Stiglic, N. & Viner, R.M. Effects of screentime on the health and well-being of children and adolescents: a systematic review of reviews. BMJ Open. 2019; 3;9(1). [Fecha de acceso 22 dic 2022]. Disponible en: https://pubmed.ncbi.nlm.nih.gov/30606703/

– Kaur, K., Gurnani, B., Nayak, S., Deori, N., Kaur, S., Jethani, J., Singh, D., Agarkar, S., Hussaindeen, J.R., Sukhija, J. & Mishra, D. Digital Eye Strain- A Comprehensive Review. Ophthalmol Ther. 2022;11(5):1655-1680. [Fecha de acceso 22 dic 2022]. Disponible en: https://www.ncbi.nlm.nih.gov/pmc/articles/PMC9434525/

– Foreman, J., Salim, A.T., Praveen, A., Fonseka, D., Ting, D.S.W., Guang He, M., Bourne, R.R..A, Crowston, J., Wong, T.Y. & Dirani, M. Association between digital smart device use and myopia: a systematic review and meta-analysis. Lancet Digit Health. 2021. https://www.thelancet.com/action/showPdf?pii=S2589-7500%2821%2900135-7

Capítulo 6

– Salmerón Ruiz, M.A. Adicción a pantallas. En: AEPap (ed.). Congreso de Actualización en Pediatría 2023. Madrid: Lúa Ediciones 3.0; 2023. p. 325-332. https://www.aepap.org/sites/default/files/pag_325_332_adiccion_pantallas.pdf

– Time, A., Pacheco, D.A. de J. & Ionescu, S.C. Integrating technical and business aspects in Software as a Service: Systematic literature review, trends, and research directions. Inf Dev [Internet]. 2024; Disponible en: http://dx.doi.org/10.1177/02666669241287499

– Cao, X., Gong, M., Yu, L. & Dai, B. (2020). Exploración del mecanismo de la adicción a las redes sociales: un estudio empírico de usuarios de WeChat. *Internet Research*, *30* (4), 1305–1328. https://doi.org/10.1108/intr-08-2019-0347

– Montag, C., Lachmann, B., Herrlich, M. & Zweig, K. Addictive features of social media/messenger platforms and Freemium games against the background of psychological and economic theories. Int J Environ Res Public Health [Internet]. 2019;16(14):2612. Disponible en: http://dx.doi.org/10.3390/ijerph16142612

– Los pediatras plantean reevaluar el uso de pantallas en la enseñanza [Internet]. Aeped.es. [cited 2024 Oct 16]. Disponible en: https://www.aeped.es/noticias/los-pediatras-plantean-reevaluar-uso-pantallas-en-ensenanza

– European Research Network into Problematic Usage of the Internet with the Diverse Needs of the Professional and Consumer Communities Affected by Problematic Usage of Pornography. Int J Environ Res Public Health. 2020 May 15;17(10):3462. doi: 10.3390/ijerph17103462. PMID: 32429206; PMCID: PMC7277927. Disponible en: https://www.mdpi.com/1660-4601/17/10/3462

– Andrade, B., Guadix, I., Rial, A. y Suárez. F. UNICEF España. 2021. Disponible en: https://www.unicef.es/publicacion/impacto-de-la-tecnologia-en-la-adolescencia

– Thomas, J., Verlinden, M., Al Beyahi, F., Al Bassam, B. & Aljedawi, Y. Socio-Demographic and Attitudinal Correlates of Problematic Social Media Use: Analysis of Ithra's 30-Nation Digital Wellbeing Survey. Front Psychiatry. 2022;13:850297. Published 2022 Feb 28. doi:10.3389/fpsyt.2022.850297. https://www.ncbi.nlm.nih.gov/pmc/articles/PMC8918624/

– Rega, V., Gioia, F. & Boursier, V. Problematic Media Use among Children up to the Age of 10: A Systematic Literature Review. Int J Environ Res Public Health. 2023;20(10):5854. doi:10.3390/ijerph20105854. https://www.ncbi.nlm.nih.gov/pmc/articles/PMC10217802/

– Tereshchenko, S.Y. Neurobiological risk factors for problematic social media use as a specific form of Internet addiction: A narrative review. World J Psychiatry. 2023;13(5):160-173. Published 2023 May 19. doi:10.5498/wjp.v13.i5.160. https://www.ncbi.nlm.nih.gov/pmc/articles/PMC10251362/

– Fineberg, N.A., Menchón, J.M., Hall, N., Dell'Osso, B., Brand, M., Potenza, M.N., Chamberlain, S.R., Cirnigliaro, G., Lochner, C., Billieux, J., Demetrovics, Z., Rumpf, H.J., Müller, A., Castro-Calvo, J., Hollander, E., Burkauskas, J., Grünblatt, E., Walitza, S., Corazza, O., King, D.L., Stein, D.J., Grant, J.E., Pallanti, S., Bowden-Jones, H., Ameringen, M.V., Ioannidis, K., Carmi, L., Goudriaan, A.E., Martinotti, G., Sales, C.M.D., Jones, J., Gjoneska, B., Király, O., Benatti, B., Vismara, M., Pellegrini, L., Conti, D., Cataldo, I., Riva, G.M., Yücel, M., Flayelle, M., Hall, T., Griffiths, M. & Zohar, J. Advances in problematic usage of the internet research - A narrative review by experts from the European network for problematic usage of the internet. Compr Psychiatry. 2022. https://pubmed.ncbi.nlm.nih.gov/36029549/

— Reglamento de Ejecución (UE) 2023/1201 de la Comisión de 21 de junio de 2023 relativo a las disposiciones detalladas para la tramitación de determinados procedimientos por parte de la Comisión con arreglo al Reglamento (UE) 2022/2065 del Parlamento Europeo y del Consejo («Ley de Servicios Digitales»). https://www.boe.es/buscar/doc.php?id=DOUE-L-2023-80876

— Coyne, P. & Woodruff, S.J. Taking a Break: The Effects of Partaking in a Two-Week Social Media Digital Detox on Problematic Smartphone and Social Media Use, and Other Health-Related Outcomes among Young Adults. Behav Sci (Basel). 2023;13(12):1004. Published 2023 Dec 8. doi:10.3390/bs13121004. https://www.ncbi.nlm.nih.gov/pmc/articles/PMC10740995/

RECURSOS

RECURSO	WEB	CÓDIGO QR
Plan digital familiar (Asociación Española de Pediatría)	https://plandigitalfamiliar.aeped.es	
Tú decides en Internet (Agencia Española de Protección de datos)	https://www.tudecideseninternet.es	
Canal Prioritario (Agencia Española de Protección de datos)	https://www.aepd.es/canalprioritario	

Adolescencia Libre de Móviles (estatal)	https:// www.adolescencialibredemoviles.es	
Adolescencia Libre de Móviles (Madrid)	https:// adolescencialibredemovilesmadrid.es	
Manifiesto Off	https://www.offm.org/	
Recursos desdigitalización (Catherine L'Ecuyer)	https://catherinelecuyer.com/recursos-para-la-desdigitalizacion/	
Mi mamá ya no es pediatra (mi web)	https://www.mimamayanoespediatra.es/	
Plataforma por un uso regulado de pantallas	https://aixecaelcap.cat/	
Línea 017 (Instituto Nacional de Ciberseguridad)	https://www.incibe.es/linea-de-ayuda-en-ciberseguridad	

Teléfono ANAR	https://acortar.link/cRbB2V	
Recomendaciones Consejo Audiovisual de Andalucía	https://consejoaudiovisualdeandalucia.es/recomendaciones/	
Club de los Asuntos de Familia	https://www.familyaffairsclub.com/	

PARA RECORDAR

La combinación de algoritmos y la IA son recursos que aprovechan las empresas para que el consumidor tenga una experiencia altamente atractiva y personalizada, con un doble objetivo, el de conseguir nuevos usuarios y que los que ya lo son, vuelvan. La optimización continua del contenido —con las pruebas A/B o el *scrolling*—, las notificaciones o las técnicas de validación social son algunos de los métodos usados para crear una experiencia que puede ser adictiva.

♦

Hay efectos de las pantallas en la salud que se deben al diseño de las propias aplicaciones, de la publicidad o de otros patrones. Las empresas tecnológicas deberían estar obligadas a proteger la salud y el desarrollo desde el esquema inicial de sus productos.

En España se dispone del primer smartphone a una edad excesivamente temprana. Además, es frecuente que se tenga acceso a Internet y en una proporción importante con datos ilimitados. Es necesario que la sociedad reflexione sobre si hacer esto es adecuado o no.

◆

La adolescencia es una etapa en la que se acepta la imagen corporal adulta y se forja la personalidad. Por tanto, esta época de la vida es especialmente vulnerable al efecto del tiempo de exposición a las redes sociales, donde se muestran a los adolescentes ideales de belleza inalcanzables.

◆

El tiempo que se dedica a la tecnología desplaza el destinado a la actividad física porque, en general, la utilización que se hace de los medios digitales es sedentaria. Los estudios cuya intervención va encaminada a limitar el uso de pantallas demostraron un incremento significativo del ocio activo. Tan es así, que la limitación de las pantallas es la intervención más eficaz para aumentar la actividad física.

Es necesario que un mensaje claro y contundente llegue a las familias. Los contenidos y conductas claramente lesivos para la infancia y la adolescencia deben estar regulados por ley.

◆

El uso problemático de redes sociales es un fenómeno que se produce en todas las edades.

◆

La herramienta más eficaz que tenemos como ciudadanos de a pie es el ejemplo. ¿Somos los adultos un buen ejemplo para los niños en el uso de los medios digitales? Sin recurrir a estadísticas y por ser breve, la respuesta es no. Entonces, ¿cómo pretendemos que los niños interioricen una forma determinada de utilizar las pantallas si nuestra actuación es incoherente? Si en la transmisión del mensaje un niño percibe una contradicción entre el lenguaje verbal y no verbal, se quedarán con el lenguaje no verbal. Lo importante es el ejemplo.